叢書刊行の辞

二一世紀も一〇年を過ぎた今日、わたくしたちは、如何なる文明の萌芽を見出しているのか。新たな文明を構築せんとしているが、依然として混迷の時代に生きている、これが実感ではなかろうか。過ぎ去りし二〇世紀は、貧困からの解放と物質文明の時代であった。この文明に大きく寄与したのは企業であり、その世紀は物質経済を中心とした企業文明でもある。その企業経営を主な研究対象として成立した経営学は、まさに二〇世紀の学問である。

経営学は現実の経営の世界とともに生き、歴史を刻んできた。これまでの経営が、時代の流れに沿いつつ、ある時には時代の流れに立ち向かってきたように、経営学もまた、時々の経営と相携えながらも、ある時には、時代を生み出す経営の理論化を試み、またある時には、現実の経営の批判を通して時代への問いかけを行ってきた。

このように経営学は、その成立以来、現実の経営の世界からの要請に応えるような形で展開し、その実践的解決に向けて関連する諸分野の知見を統合する学問として時代に応えてきた。日本においては、「骨をドイツに、肉をアメリカに」求めた経営学研究であったが、社会科学を標榜しつつも、基本的には現実の経営の世界からの実践的要請に応え、現実の経営とともに物質文明への貢献をなしてきた。そして、物質の豊かさを謳歌さえすればよかった時代が過ぎた今、わたくしたちには、物質文明の負の遺産を背負いつつ持続可能な社会を実現しうる、二一世紀の新たな文明の構築が求められている。それは同時に、二〇世紀とともに生きてきた経営学の存在を問い直さねばならないということを意味している。

経営学の存在を問い直すこと、それは、これまでの現実の経営がその時代の中で生かされてきた「生活世界」——これは、科学の根源的基盤でもある——に眼差しを向けて経営の存在を問い、そこに経営学を基礎づけ、その歴史を顧みることである。歴史は過ぎ去ってはいるが、今ここに、経営学の現在の基礎として存在する。そして未来も現在のうちにあり、創造しうる未来は関連する過去を契機とするものに他ならない。それゆえに、今ここにあるわたくしたちは、二一世紀という未来への契機となすために経営学の歴史を紐解くことが要請されよう。

このような時機に、二〇一三年に創立二〇周年を迎える経営学史学会は、その記念事業として全一四巻の『経営学史叢書』を刊行することとなった。この『叢書』では、経営学の百有余年の歴史の中で批判を受けながらも今日なお多大な意義を有し、かつ「二一世紀の来たりつつある文明の諸相と本質を見通しうる視野を切り拓く」学説・理論を取り上げる。

各巻の基本的内容は、次の通りである。

（一）　学者の個人史を、時代的背景とともに明らかにする。

（二）学説の紹介には、①学者の問題意識と研究課題、及び対象への接近方法、②学説を支える思想、また隣接諸科学や実践との関連性、③学説の歴史的意義と批判的評価、を盛込む。
（三）学説のその後の展開を示し、二一世紀の課題に対する現代的意義を明らかにする。
『叢書』は、初学者を対象としているが、取り上げる学者の思想に基づく〝深み〟と、実践的広がりに基づく〝豊かさ〟を実現、研究者にも注目される水準を維持することを目指している。

各巻の責任編集者には、学会の叡智を結集する執筆者を選定し、『叢書』刊行の趣旨の理解とその意図を実現する、という多大な要求をすることになった。本書が経営学史学会に相応しい『叢書』であるならば、それは偏に責任編集者の貢献によるものである。

叢書編集委員会は、単に企画するだけではなく、各巻に「担当者」として委員を配置し、責任編集者と連絡を取り、巻の編集の開始から進捗状況の把握、刊行に至る過程全体に責任を持つという体制をとった。とくに河野大機編集委員長には、叢書全体の調整に腐心をいただいた。その尽力に深く感謝申し上げたい。また、前野　弘氏、前野　隆氏、前野眞司氏はじめ株式会社文眞堂の方々には刊行の全てに亘ってお世話になった。ここに感謝申し上げる次第である。

ますます混迷を深める二一世紀に向けた新たな文明の構築に、この『経営学史叢書』がわずかでも貢献することができれば望外の喜びである。

二〇一一年一一月二〇日

編集統括責任者　吉原　正彦

二〇一三年一月二八日、本叢書の編集委員長・河野大機氏が急逝された。河野氏は、その細やかなお人柄に相応しく、叢書の企画段階から、一巻一巻の刊行に至るまで、深いお心遣いをされ、全一四巻が刊行される最後の第四回配本を、誰よりも待ち望んでいた。ここに心より哀悼の意を捧げる。

『経営学史叢書』編集委員会

編集統括責任者
吉原　正彦（青森公立大学　経営学史学会前副理事長）

編集委員長
河野　大機（東洋大学　経営学史学会元理事）

編集委員（五〇音順）
小笠原英司（明治大学　経営学史学会理事長）
岸田　民樹（名古屋大学　経営学史学会理事）
辻村　宏和（中部大学　経営学史学会前理事）
福永文美夫（久留米大学　経営学史学会理事）
藤井　一弘（青森公立大学　経営学史学会理事　編集副委員長）
藤沼　司（青森公立大学　経営学史学会幹事）
三井　泉（日本大学　経営学史学会前理事　編集副委員長）

肩書は二〇一一年一一月二〇日現在

経営学史学会創立20周年記念

経営学史叢書 XIV

日本の経営学説 II

経営学史学会監修

片岡信之［編著］

文眞堂

山本安次郎
(1904-1994)

平井泰太郎
(1896-1970)

中西寅雄
(1896-1975)

山城　章
(1908-1993)

馬場克三
(1905-1991)

北川宗藏
(1904-1953)

写真提供

平井泰太郎

平井泰太郎先生追悼記念事業会編『種を播く人』一九七四年より転載。

山本安次郎

加藤勝康編『めぐりあい　山本安次郎博士喜寿記念文集』経営学理論研究会、一九八二年より転載。

山城　章

日本マネジメント学会提供。

中西寅雄

中西寅雄『経営経済学論文選集』千倉書房、一九八〇年より転載。

北川宗藏

北川啓子発行『命燃えて　北川宗藏生誕100年』二〇〇四年より転載。

馬場克三

馬場克三『株式会社金融論　馬場克三著作集第Ⅱ巻』森山書店、一九八七年より転載。

日本の経営学説 Ⅰ・Ⅱ　まえがき

経営学史叢書の最後に配置された第一三巻と第一四巻は、二つの巻をもって日本の主要な経営学説の紹介と検討にあてられている。

目次を見るとわかるように、この二つの巻では日本の複数の経営学者が取り上げられており、他の巻のように、原則として一人一巻というスタイルを取っていない。その理由は二つある。

一つには、日本の経営学史叢書として、現段階で日本の経営学史をある程度包括的に、かつ可能な限り体系的に総括したものにしたいという願いからきている。ここ日本にありながら、日本の経営学説がどのような理論地図にあるかということは、案外知られていないように感じられるからである。

第二に、日本の経営学者を特定の二・三人に絞り各一巻を充てることは、現在のところ極めて難しいという事情があり、日本の経営学説を二巻のなかで十二・三人に絞り込んで、各一章を充てる次善策を採らざるを得ない。人選は議論を重ねて絞り込んだが、それでもまだ意に満たない。

二つの巻の編者は、緊密な連絡を取りながら、日本の経営学説の全体を四つの柱に括って整理して、取り上げることとした。①ドイツ流の経営経済学に強く影響されながら理論展開をしようとした系譜、②アメリカ流の経営管理論・組織論の影響を強く受けて理論展開をしようとした系譜、③単なる経営管理論・組織論でもなく、単なる経営経済学でもなく両者を総合して取り込んだ統一的「経営学」を指向した学者の系譜、④批判的経営学の系譜、の四つの流れである。

ここに取りあげた学者は、大家ばかりであるから、当然、経営学全般に目配りをしていることは当然である。したがって、うえの四つの分類枠組みの一つだけに入れて扱うには入りきらないという面も多少は出てくることにならざるを得ないが、あくまでも各学者のもっとも特徴的な指向性、展開内容などに着目して分類したのである。また、取り挙げる学者は、すでに鬼籍に入っておられて、業績や主張の全体が確定している方々に限定することとした。

前二者①②は第一三巻で、後二者③④は第一四巻で取り上げることとし、第一三巻は小笠原英司が、第一四巻は片岡信之が、それぞれ編集責任者をつとめることにした。相互に緊密な連絡は取ったものの、どの学者を取り上げて誰に執筆して戴くかについての最終的な判断はそれぞれの編者に委ねた。

二つの巻を通しての全体的な姿は次の通りである。

第一三巻　日本の経営学説 I
（経営経済学を軸とした系譜）
一　上田貞次郎と増地庸治郎

二　池内信行
三　藻利重隆
（経営管理論・組織論を軸とした系譜）
四　馬場敬治
五　古川栄一
六　高宮　晋

第一四巻　日本の経営学説 Ⅱ
（本格的経営学を指向する理論的系譜）
一　本格的経営学を構想する系譜の概要
二　平井泰太郎
三　山本安次郎
四　山城　章
（批判的経営学を指向する理論的系譜）
五　批判的経営学の系譜の概要
六　中西寅雄
七　北川宗藏

八　馬場克三

それぞれの巻についての、それぞれの系譜の全体像の概説は、各巻の編者が行うこととし、代表的論者を取り上げただけではかならずしも見えてこない可能性のある各系譜の大きな流れと特徴を示すこととした。

限られた頁数のなかで、各系譜の全体像・特徴と代表的な論者の議論の紹介をともに示したいという編者達の狙いが成功したかどうかは、読者の判断に委ねるほかない。願わくは、これが契機となって、日本の経営学史にも関心を持っていただく人が、若い研究者の中から出てくる事を念じている。

（小笠原英司
片岡　信之）

目次

第一編　本格的経営学を指向する理論的系譜

第一章　本格的経営学を構想する系譜
――この系譜の概要――

第一節　はじめに――本格的経営学を構想する系譜の位置づけ――

本叢書第一三―一四巻では、日本の経営学を開拓し推進した研究者たちを、開拓の初期から第二次大戦後の昭和期が終焉するまでの間で、影響力を与え続けて来た代表的な人物に絞って、その人と学説を見ていこうとするものである。

絞り込みについては、第一三巻の編集責任者である小笠原英司教授をはじめ、幾人かの方々にご意見を伺い、候補者人名を挙げて戴き、慎重に意見交換をしたうえで、最終的にまとまったのが、第一三―一四巻に収容することとなった学者であった。当然掲載すべくしてやむなく断念した学者も多い。まさに断腸の思いであった。

最終的に残った学者たちについても、無秩序に配列して個別に叙述するというのは、読者にとって理解し難さが残るであろう。そこで編者たちは、少しだけ整理して、取りあげる学者たちを、大掴みに四つの系譜に分類して配列することとした。次の四系譜である。

一．経営経済学を軸とした系譜

二．経営管理論・組織論を軸とした系譜

三．経営学を構想する系譜

四．批判的経営学の系譜

この分類は、大掴みであり、相対的なものである。それゆえ、ひとつの系譜に分類された学者が他の系譜に関係する内容に言及していないとか解明していないとかいうことでは必ずしもない。あくまでも、各学者の学説的特徴が最も基本的にはどの点にあるかという一点から、相対的に分類したものである。（例えば、後に述べるように、馬場敬治は第一三巻で経営管理論・組織論を軸とした系譜のなかで取りあげられているが、同時にこの第一四巻での経営学を構想する系譜のなかに分類されて然るべき人物でもある）。

第一三巻では、「経営経済学を軸とした系譜」と「経営管理論・組織論を軸とした系譜」とがとりあげられた。第一四巻では残りの二つの系譜が考察される。

まず第一編「本格的経営学を指向する理論的系譜」で取りあげる学者は、平井泰太郎、馬場敬治、山本安次郎、山城章の四名である。

まず「経営学を指向する」という意味について、少し説明をしておく必要があるかも知れない。

第二節　本格的経営学を構想する学派とは何か

第一三巻では「経営経済学を軸」にしたり、「経営管理理論・組織論を軸」にした学者がとりあげられた。

「経営経済学を軸」にするということの意味は、《俗に「経営学」と呼ばれている学問を「経営学」と呼んでいるのはあくまでも俗称ないし略称であって、厳密には、それは「経営経済学」と呼ぶべき性格のものだ》と理解する立場にたつということである。この系譜の生成と発展にとって影響を与えたのは、ドイツで発展した経営経済学（Betriebswirtscaftslehre）の摂取によってであった。

同様に、「経営管理理論・組織論を軸」にするということの意味は、《俗に「経営学」と呼ばれている学問を「経営学」と呼んでいるのはあくまでも俗称ないし略称であって、厳密には、それは「経営管理論（学）」ないし「経営組織論（学）」と呼ぶべき性格のものだ》と理解する立場にたつということである。そして、この系譜の生成と発展にとって影響を与えたのは、アメリカで発展した経営管理理論（management）の摂取によってであった。

これに対して、この第一四巻第一編で「本格的経営学を指向する理論的系譜」と呼ぶのは、上の

「経営管理論・組織論を軸」にするということとも「経営経済学を軸」にするということとも異なって、俗称としてではなく、文字通り正真正銘「経営学」と呼びうるような学問として経営学を構想する立場のことを意味する。

この立場を最も強烈に意識し、生涯をかけてこのテーマをひたすら追求し、「経営の学としての経営学」「本格的な経営学」を主張し続けた代表的存在は山本安次郎である。山本は、かつてその著書『経営学本質論』（森山書店、一九七一年四版、初版一九六一年）において、次のような「経営学説系統表」を示している（図表1―1）。

山本の表は、今日までに登場してきた古今東西の諸「経営学」説を、「経済学」からどれだけ「経営学」が自律したものとして構想されているか（換言すれば、「経営学」が「経済学」とどれだけの距離を置いた自律的学問として構想されているか）という観点から、分類し、系統立てて整理したものである。これによれば、ドイツで発展してきた俗称ドイツ経営学なるものは、厳密にはドイツ経営経済学と呼ぶべきものであって、決して「ドイツ経営学」と呼ぶべきものではないとするのである。

山本は、先ず第一に経済学としての「経営学」（＝広義の経営経済学説）という系統を立てる。そしてこれにも、厳密には二種類が内包されているとする。「無条件包摂説（否定説）＝経済学説」と「相対的独立説（肯定説）＝経営経済学説＝ドイツ経営学」とである。

前者の「無条件包摂説（否定説）」は、私経済（企業、経営、個別資本など）を研究対象として据え、ひとつの独自な学問を指向しながらも、結局、経済学（国民経済学、社会経済学）とは異なった独自的

図表 1-1　経営学説系統表

自律性（経済学との関係）	対象	方法	代表者
Ⅰ　経済学としての経営学（広義の経営経済学説）			
⑴　無条件包摂説（否定説）＝経済学説			
（有機体観）	商業	経済性・理論的	シェヤー
（新カント派的）	私経済・企業	営利性・理論的	ワイヤーマン・シェニッツ，リーガー
（有機観）	経営・経済循環	経済性・理論的	シュミット
（マルクシズム）	個別資本	営利性・理論的	中西（旧説），北川
⑵　相対的独立説（肯定説）＝経営経済学説＝ドイツ経営学			
（新カント派的）	私経済	営利性・理論的	ニックリッシュ（1）
	経営経済	生産性・実践的	シュマーレンバッハ
	企業・経営	経済性・規範的	ニックリッシュ（5）
（新カント派的）	費用問題	理論的	ゼルハイム
（新カント派的）	企業	営利性・実践的	ホフマン，ジーベル
（カント哲学的）	経営・価値循環	経営性・規範的	ニックリッシュ（7）
	経営経済	経済性・実践的	メレロヴィッツ，ハックス，モクスター，古川
（新カント派的）	経営経済	経済性・理論的	グーテンベルク，ヒル
（マルクシズム）	個別資本	営利性・実践的	馬場（克）
（存在論的）	経営経済	営利性・理論的	池内
Ⅱ　独立の学としての経営学（独立説）＝広義の経営学			
⑴　管理学説＝アメリカ経営学			
（実用主義的）	経営管理	生産性・実践的	テイラー・フェイヨル，デイヴィス，ドラッカー
⑵　組織学説	経営組織	組織理論的	馬場（敬）
Ⅲ　経営の学としての経営学説＝狭義の経営学			
	経営	経済性・規範論的	山城
	企業	営利性・実践理論的	藻利
（主体在論的）	事業経営	経営性・実践理論的	山本

注：数字は版の数。
出所：山本安次郎『経営学本質論』第 4 版，森山書店，1971 年，249 頁。

研究領域、独自的研究の意義を見いだし得ず、最終的には経済学に包摂されてしまうこととなり、「経営経済学」成立の意義を否定する立場であるとする。この立場では、経営経済学、ましてや経営学は、学問として成立しようがないというのである。

これに対して後者の「相対的独立説（肯定説）」では、俗称「経営学」を経済学体系の中で構想する点では「無条件包摂説（否定説）」と共通する点があるものの、「経営経済学」として独自の研究対象領域を認め、経済学（国民経済学、社会経済学）とは異なった自律的研究の意義を認めるものである。ただし、経営経済学も経済学（国民経済学、社会経済学）もともに広く経済学体系の範囲に位置づけられる点では、経済科学の一環であると考えている。その意味で、この立場は、広く経済科学の中で國民経済学などの学問と並んで位置づけられるとともに、他方では相対的に自律した独自の研究領域を持つ一個の学問になりうるとするのである。

山本が挙げている第二の柱は「独立の学としての経営学（独立説）＝広義の経営学」である。この系統として山本は、「管理学説＝アメリカ経営学」と「組織学説＝馬場敬治説」を挙げている。ここで山本が「独立の学としての経営学（独立説）」としている意味は、第一の柱であったドイツ経営経済学の行き着いたところがせいぜい経済科学体系の中での相対的独立性でしかなく、経済学の尻尾を残しているのにたいして、アメリカ経営学と言われているものの内容は「経営管理」に研究対象をおいており、経済学とはまったく関係のないところで学問体系が構築されているからだというのである。アメリカでも企業の経済学的研究がないわけではなく、しかもそれはドイツに伝統的だった経営経済学とは異なったビジネス・エコノミックスやマネジリアル・エコノミックスとして存在してはいるが、それらはアメリカ経営学と言われてきた経営管理論とは別のものであり、主流でもない。その意味で、山本は、アメリカ経営学（＝経営管理論）を経済学とはまったく切れた独立の学としているのである。また、同様な意味で、馬場敬治の組織学説も独立説としての評価を受けている（馬場については第一三巻で詳しく取りあげられるところであるが、独立の学としての経営学を指向した点でここでも共通する点があるので、後に本稿で少しその主張を取りあげることとする）。

山本は第三の柱として「経営の学としての経営学説＝狭義の経営学説」として、山城章、藻利重隆、山本安次郎の三名を挙げている。[1] 藻利重隆については第一三巻で経営経済学を軸とした系譜のなかで取りあげられるのでここでは触れない。山本と山城については、本書でひとつの章をそれぞれ設けて、のちに詳細に論じられるが、この章でも少しだけ主張の特徴についてふれる。

本書第一編では、山本の言う「経営の学としての経営学説＝狭義の経営学説」に属する、あるいはそれを目指していたと考えられる人物を取りあげることとしている。具体的には時代順に平井泰太郎（一八九六―一九七〇）、馬場敬治（一八九七―一九六一）、山本安次郎（一九〇四―一九九四）、山城章（一九〇八―一九九三）、の四者である。

第三節　平井泰太郎――博覧強記の未完な経営学開拓者――

平井泰太郎（一八九六―一九七〇）は上田貞次郎のもとで学んで母校神戸高商（現神戸大学）に赴任し、若くしてドイツとアメリカに留学し、その頃は経営学についての方法論的問題意識を強く抱いていた（私経済学・商業学と経営学を区別する特徴はなにか、国民経済学と経営経済学との関係如何など）。『経営学入門』（千倉書房、一九三二年）はすべてこの方法論議に当てられている。彼の考えていた経営学は個別経済を対象とする個別経済学であった。もっとも、彼の学問的関心は方法論議に留まらず、むしろそれよりも、途方もなく広範で、欧米経営学（ドイツ、フランス、イタリア、ソビエト、イギリス、アメリカ）や日本の動向に目配りするとともに、事業経営（営利、非営利）、経営職能分化、機械化と機構化、産業合理化、科学的管理法、資本調達と運用、販売、広告、百貨店、商店街、小売商、簿記・会計、経営機械化、オートメーション、企業形態、トップ・マネジメント、新経営者論、組織論、経営診断、……等々、才気煥発に、当るを幸いと時流の新しい現実的諸問題を取りあげては論じていくというタイプの学者であった。したがって、平井は、山本のように生涯をかけて「自律した本格的な経営学」を求めて方法論的に掘りさげていくという一つのテーマを追い続けたというよりは、それとは対照的な生き方をした学者であった。神戸高商の同級生として学んだとき以来、ずっと平井と共に生きてきた宮田喜代蔵は、平井の学問を評して、あらゆる出来事に人一倍強い関心を注ぎ続け、その動向を正しく捉える鋭い直感力と改革の企画力・構想力と、これを実行する実践力を持った「開放的な進歩性」、新しい芽を素早く掴む能力等を挙げ、「種をまく人」「未完成の人」と評しているが、良く言い得ている（宮田「平井博士の学問の生い立ち」『国民経済雑誌』一〇二巻四号）。

そのような中にも、しかしながら、平井の全業績や活動をあらためて見直してみると、平井は彼なりに経営学を求めて、その内容の研究・充実にと種をまく努力をしたことが読み取れる。日本経営学会や日本経営診断学会を設立し、理事長・会長をつとめ、日本初の大部な経営学辞典を出し、日本初の経営学部を作り初代学部長、日本初の経営学博士、日本初のＣＩＯＳ（Comité International de l'Organisation Scientifique）会員、……など、経営学発展のために貢献した足跡は極めて大きい。それだけではなく、平井の『経営学通論』（千倉書房、一九三五年）を見れば、ドイツ流の資本・財務論的な内容とアメリカ流の経営職能・科学的管理等の内容とが、バランス良く取り込まれた一書となっている。その意味で、ドイツ経営経済学そのままでもアメリカ経営管理論そのままでもない、両者に目配りをして統合した内容の書となっている。後に馬場敬治や山本によって方法論的・理論的に突き詰められていく「本格的な経営学」の内容が、萌芽的に示されていると言って良い。また、山本によって重視されることになる「事業」「事業経営」という概念が、ひとつの章を充てて、早くも取りあげられていること[2]は、注目されてよい。

こうして見てくると平井は、経営学の自律を意識的に主張する方法論的な議論に深く関わり続けたというわけではないが、ドイツ流の経営経済学やアメリカ流の経営管理論のいずれかの範囲内に収まることなく、しかも何れをも摂取しながら、広範に経営の現実とそれに関する学問を幅広く追究していったという点で、実質的に山本の抱くイメージの「経営学」の方向を追究してきた開拓者の一人ということができる。

第四節　馬場敬治――広義組織論を基礎とする「本格的な経営学」――

次に、本書では一三巻との重複を避けて、あえてひとつの章として取り挙げることはしなかったが、独自の根拠を示して「本格的な経営学」を主張した馬場敬治（一八九七―一九六一）について、言及しないわけにはいかない。馬場の経営学についての最終的到達点は、遺稿「経営学の動向」（高宮晋編著『体系 経営学辞典』ダイヤモンド社、一九六二年：新版、一九七〇年所収）に示されている。

そこでは端的に、経営学を、①組織活動の経営理論（いわゆる「仕事の組織」の経営理論）、②「組織における人間関係」の経営理論、③「価値の流れ」の経営理論、④「技術と経営」の経営理論、⑤「経営と社会」の経営理論の五つの理論からなるものととらえ、さらに、①と②の総合化されたものを「狭義の組織理論」と呼び、この「狭義の組織理論」を中心として①②③④⑤の全体を総合化したものを「広義の組織理論」と呼んでいる。そして、「広義の組織理論」をもって本格的な理論経営学だとするのである。

ここに組織とは「少なくともある程度に統一的に活動しつつある人間の集団」（同上論文、五頁）

を意味する。①はフォーマル・オーガニゼーションを中心対象とする理論、②は経営組織における人間関係を対象とするが、単にインフォーマルな人間関係のみならず、フォーマルな人間関係も包含する。馬場は特に経営組織における勢力関係をあげ、経営者のリーダーシップ、コミュニケーション、パーソナリティなどに言及している。③について馬場は、従来のドイツ経営経済学者の著作の多くに見るような「価値の流れ」に関する方策を探求する方策論ではなく、経営組織に現実に生じつつある「価値の流れ」の事実を対象にして、これを理論的に捉えた研究であるとし、(イ)経済学上の理論に基づく価値の流れの理論(ディーン、グーテンベルクなど)、(ロ)会計学的色彩を持つ価値の流れの理論(会計学書のうちで方策論でない理論的部分のみに限る)、(ハ)組織論的色彩を持つ価値の流れの理論(バーナードの組織経済など)の三つを挙げている。④について馬場は、経営組織において用いられる技術(機械、装置、施設)と密接な関連を持つところの、経営組織内部の社会科学的事象とこれらの技術との間の関連を研究対象として把握した理論であるとして(イ)「技術と価値の流れ」の経営理論、(ロ)「技術と組織活動」の経営理論、(ハ)「技術と人間関係」の経営理論の三つの「理念型」をあげている。⑤については、①〜④に付随して述べられており、対等に独立の範疇とするには多少問題がなくはないとしながらも、馬場は次の五つに細分化して示している。(イ)「経営(組織)と市場調査の経営理論、(ロ)「経営(組織)と労働組合の経営理論、(ハ)「経営(組織)と国家の経営理論、(ニ)「経営(組織)と文化の経営理論。

このようにした上で馬場は、①②の総合を「狭義の組織理論」(「経営組織に関する狭義の組織理論」）と呼び、①②を中核として①②③④⑤を総合したものを「広義の組織理論」（「経営組織に関する広義の組織理論」）としている。そしてこの「広義の組織理論」をもって「本格的な理論経営学ないし経営理論」とし、「本格的な経営学」の基礎的部分にあたるというのである。

馬場は、経営理論のほかに、経営政策と経営史についても言及している。経営理論の五理念型に基づいて経営政策も考えられるとし、その構想を①組織活動に関する経営政策論、②組織における人間関係に関する経営政策論、③価値の流れに関する経営政策論、④「技術と経営」の問題に関する経営政策論、⑤「経営と社会」の問題に関する経営政策論だとする。そして、①②を総合したものを「狭義の組織政策論」、①②③④⑤を総合したものを「広義の組織政策論」と呼んでいる。さらに当時は殆ど未発達であった経営史にも言及し、「正式の経営史的研究」が、上記の理論的経営学を踏まえて発展することを希求している。くわしく述べているわけではないので推測する以外にないが、経営史も経営理論や経営政策論のばあいと同様に、五領域についての経営史的研究が頭にあったであろう。

馬場はこの理論・政策・歴史の三つを貫徹する共通視点として五理念型を考え、それら全体の総合された「本格的な経営学」に言及したのであるが、それではこの五理念型がなぜひとつの学問体系として、組織理論として総合されるのか、その根拠は何なのかと問われれば、彼はこの点について明確に、理論的に説明しきっているわけではなく、ただもっぱら、現実に相互間が結びついているからだと言っているだけである。これでは根拠が十分理論的に示されたとは言えないであろう。この点が、後に、山本安次郎によって批判されることになる点であった。

第五節　山本安次郎——経営存在を対象とする経営学——

山本安次郎（一九〇四―一九九四）は、馬場の「本格的な経営学」という構想を高く評価し、「経営学を真の理論的学問として自覚的に基礎づけ、独自の学説を展開された唯一の学者、いわば経営学説の建設者」（山本「馬場敬治博士とわが国の経営学」『彦根論叢』八三・八四号、一九六一年一一月、一頁）と絶賛している。それは増地庸治郎の「経営経済学」が所詮経済学の枠内に留まり、その枠を超える真の独立性・自律性を得られない論理的構成になっている（したがって「経営学」という学問名称は、あくまでも、「経営経済学」の便宜的略称ということになる）のに対して、馬場の組織学説（組織論的経営学）は「経営学」の名称を「経営経済学」の略称として使うのではなく、文字通りの経営学とし、経済学とは別の独立の学としての経営学の自律性を果たす基礎づけに成功していると見ている点で、山本の自説の問題意識と合致するからである。従って馬場説は「経営学や経営組織論についての私見とそう遠くない」（山本、同上論文、一九頁）と、山本によって高く評価されることになる。

ただ、違うのは一点、組織概念の理解の仕方、経営と組織の関係についてである。山本は、馬場が「広義の組織」と捉えているものをバーナードの「協働体系」に相当すると位置付け、馬場の「狭義の組織」をバーナードの「組織」としてとらえる。両者を組織概念で全てひっくるめて括るのではなく、区別と関連でとらえる必要を説くのである。馬場がこの両者を概念的に厳密に区別しなかったことから、広狭ふたつにおいて組織概念を設定するという苦肉の策に陥らざるを得なくなったと、山本は見ているわけである。このようなところから、山本はバーナードの理論を自己の理論に引きつけて解釈し、協働体系論―組織論―管理論としてとらえなおし、協働体系を山本独自のかねてよりの概念「経営存在」（＝「経営体」）に相当するものとしている。経営学の研究対象は経営存在であり、経営存在の中心に組織があり、組織の中心に管理があるというように積み上がった三層構造として組み立てられた理論が山本説である。

山本の学問を一言で総括するならば、それは「本格的な経営学」確立の学理的・方法論的基礎付けにあったと言ってよい。この世代の研究者が、山本に限らず、経営学という学問の成立根拠を問うという学問方法論的な課題を多かれ少なかれ意識せざるを得なかった理由は、経営学をめぐる当時の学問的時代背景状況が大いに影響を与えたからであった。

当時の日本において、後の経営学・経営経済学・経営管理論などに発展していく源流となる研究を始めていた学者の前には、明治以来の商業学・商業諸学・商業経済学・工業経済学・国民経済学・商業政策・工業政策などの諸学問の名残が残る学問がある反面、大正初期からアメリカのテイラー・システムをはじめとする能率増進策が諸文献の翻訳と共に紹介され、一部企業では実践もされていた。他方、ドイツでの経営学方法論争（私経済学論争）の動向もいち早く伝わってきていた。また、東京帝国大学（商業学科）と東京商科大学（現一橋大学）においては大学レベルでの商業教育がなされ、高等商業学校も各地に増えつつあった。このようななかで大正一五（一九二六）年、名称を商学会にするか経営学会にするかで激論を伴いながら、日本経営学会が呱呱の声をあげていた。

山本の在学した京都帝国大学経済学部[3]でも大正一五（一九二六）年に初めて「商工経営」（ただし担当者欠、休講）が置かれ、昭和五（一九三〇）年には「経営学総論」（小島昌太郎担当）が開講されるようになっていた。そしてこの頃の京大では「経済学と経営学との関係」、「経済現象と経済活動の区別による経済学と経営学との区別」などの方法論的議論が盛んになされていたのであった。

要するにこの時代には、経営学・経営経済学・私経済学等がどのような学問であり、他の学問（経済学、商業学、技術学等々）とどう区別されるものとして成立しうるのかという問題意識が強くあり、しかもその答えたるや曖昧模糊としていた。山本はこのようななかで、経営学の学問的基礎づけの探求に向い、それを生涯をかけての仕事とすることとなったのである。

このような背景の中で開始された山本の経営学方法論研究の行き着いた結論の特徴について、詳細は後出の章に譲るとして、簡単に列記しておくことにする。

①山本経営学は哲学、歴史学、経済学、商業学、社会学、心理学、管理学、組織学、会計学、法学その他、多方面の研究の上に構想され、しかもそれらが独立の学（特に経済学から独立の学）としての本格的な経営学の観点のもとに統一されるとする。理論的、本質追究的、総合的全体把握的であろうとする点にまず第一の特徴がある。②経営学に関する文献は内外諸学説（特に米独仏日）から広く渉猟・検討され、その比較と批判の上に立ってそれを止揚する（つまりそれを批判すると同時に掬い

取って保存・吸収し、より高い視点から位置づけし直す）形で、独自の経営学を構築しようとする。③新カント派流の分析的哲学（分析的・論理主義的認識論、「経験対象—認識対象」論）では本格的経営学は樹立出来ないとし、西田幾多郎の「行為的直観」、「純粋経験（直覚的経験）」の立場を基礎に据える。こうして対象論理から行為主体的存在論理に視点を転換する事の重要性を説く。バーナードの参加的観察者の視点とも通じるところである。④この結果、経営学は実践理論的歴史科学と位置づけられている。⑤われわれが普通に「会社」とか「学校」とか呼んでいる存在（バーナード流に言えば「協働体系」）を「（広義の）経営」（「経営存在」、「経営体」）と呼び、その構成要素を「事業」、「企業」、「（狭義の）経営」の三つとして捉える。「事業」とは化学事業、機械製作事業、百貨店事業等々の業種的視点から見た構造である。「企業」とは合名会社、合資会社、有限会社、株式会社等々、資本調達面から構成された構造である。「（狭義の）経営」とは「（広義の）経営」（経営体）に内在しながらそれを機能させる主体的作用（経営作用）である。このように「経営」が「体」と「用」から見られ、事業、企業も含めての「体」を「用」が主体的に統一して運動するというのである。⑥「経営存在（経営体）」、「組織」、「管理」の三者の区別と関連の視点。この三者の関係は、ちょうどバーナードの協働体系—組織—管理の三層構造体系と酷似する。「経営体」のもつ主体的作用は具体的には「組織」として現れ、組織に必然的に内在する調整作用が「管理」を要請する。「経営体」の中心に「組織」を、組織の中心に「管理」を見るのである。⑦このような論理構造をもつ山本経営学からすれば、〈経営学イコール経済学の分科〉とする経済学説、〈経営学イコール管理学〉とする管理学説、〈経営学イコール組織学〉とする組織学説のいずれも、経営学としては不十分で飽きたらないこととなる。経済研究も組織研究も管理研究も経営学の部分を構成するものではあるが、いずれも経営学そのものと等置されるべきではないということになる。経営学は「経営の経営学」つまり「経営体とその経営作用（体と用）に関する総合的学問」だというのである。⑧現実の経営体（例えば会社）は、時代と共に企業者経営→企業経営→事業経営と重点の置かれ方が変遷を遂げ、それに伴って利潤のあり方も経済学的利潤（企業主のための利潤）→経営学的利潤（経営構成員、経営に利害関係を持つ全員による全員のための利潤）と変遷したとされる。⑨このような認識をもとに山本は、会社の現在および今後の姿を、a．営利主義的経営から事業主義経営（経営主義経営）へ、b．会社から公社へ、c．資本主義経営と労働主義経営との統一としての共同決定経営（経営主義）へ向かうとする。

第六節　山城　章――経営自主体と実践経営学――

残された字数も少なくなったので、最後に山城章（一九〇八―一九九三）に移ろう。山城は東京商科大学で経営経済学者増地庸治郎の門下生として学び、戦中昭和期には経営費用、利潤統制、原価計算、新企業形態などについての経営経済学的著書を刊行していたが、戦後は資本と経営の分離論を基底に置いた企業体制論を説くようになり、そこをベースにして戦後日本の企業経営の近代化・合理化に向けて企業体制、最高経営政策、経営管理（マネジメント）、労務管理、日本的経営、経営診断などに研究の重点を移していった。

山城は企業を「株式会社の三型」として「直接資本民主型株式会社」→「代議的資本民主型株式会社」→「経営民主型株式会社」（経営者支配型）の発展系列において捉える。そして、現代企業は経営民主型株式会社の所有物で、株主が全体を支配しているという常識は通用しなくなっており、株式会社の本来の性格を逸脱するものになっているという（山城章『企業体制の発展理論』東洋経済新報社、一九四七年、九三頁以下）。かくして株式会社企業は、体制発展を遂げていくにつれて株主からの自主性・自律性を高め、「経営自主体」になってきたとする。現代企業は、資本と経営の分離を通じて、出資者から自立した「会社」という「法人」・「経営体」・「制度的組織体」となってきており、その「機関」としてプロフェッショナルな経営者、管理者がいて経営にあたっている。資本家自身が会社を経営して利潤追求をおこなうとする資本家中心の考え方は過去の企業の認識に基づく観念であって、今や「経営自主体」としての会社という認識に基づいた新しい考えが必要だというのである。

経営者、管理者が経営のプロとして存在意義を持つとすれば、知識・理論（Knowledge, K）と現実的経験（Experience, E）とに支えられたプロとしての経営能力（Ability, A）が必要である。経営学はまさにKとEを結びつけてAを育成するために、「KAEの方法」による「実践経営学」であることがもとめられるという。この「実践経営学」について山城は次のように述べている。

「経営学の研究は……、KとEの研究を基礎とし、さらに実践を中心としてその能力を啓発、育成するものである。経営実践そのものでなく、この実践についての行動能力を自己啓発（Self-

Development）の方法によってたかめていくための学問方法である。実践を重視するとはいえ、実践活動そのものは学問の分野ではない。経営学は実践の学である。それは経営実践の能力を高める学問という意味であり、これが、「実践経営学」である」（山城章『増訂経営学要論』白桃書房、一九七〇年初版、一九七七年一七版、三一―三二頁）。

こうして山城の立場は、自律的な「経営体」という企業認識をベースにし、実践理論的経営学を指向する点で、山本と類似するところを持つ。また、経営学研究のなかでさまざまな立場のあることに言及しながらも（経済学的経営学、経営社会学、経営心理学、工学的経営学、管理学、等々）、いずれか一つの立場に与することなく、経営者の主体的実践能力のなかで諸知識・理論が統一されて活かされると見ている点でも、山本の「対象論理から行為主体的存在論理に視点を転換する」主張と相通じる面を持っていると言えるであろう。

第七節　おわりに――経営学を構想する系譜の意義――

経営学を構想する立場の特徴のひとつは、ドイツでの方法論争の影響によって始まった、経済学との関係における経営学の学問的自立性・自律性の問題を、徹底的に突き詰めて考えていくという点にあった。「本格的な経営学」という議論も、主として念頭にあったのは、ほとんど実質的に、経済学との関係においての経営学の自律性の観点からの議論であったと言ってよい。私経済学、商事経営学、経営経済学、企業経済学、等々とさまざまな名称をつけたとしても、〇〇経済学と呼ぶ限りは、経済学体系の一環に位置付けられ、経済学の枠内での議論とならざるを得ない。ここのところに決着をつけ、経済学体系の外に位置付けようというのが経営学を構想する立場の議論であった。

さらに、時代が進むにつれて、これに加えて、戦後のアメリカ経営学流入のなかで、組織論的、管理論的、社会学的、心理学的、工学的、数学的、労働科学的等々の諸領域から企業で見られる諸現象・諸領域にアプローチする諸研究が増えてくるようになる。こうなると、経済学との関係だけでなく、これら諸科学との関係で経営学の立ち位置を考えなくてはならなくなるのである。こうして議論は、経済学からの自律性ということだけに留まらず、それに加えて、諸科学の研究を総合した経営学が如何に可能なのかという問題意識を生じさせる。このような背景のもとに経営学方法論がおこなわれていったのであった(4)。

山本は経営経済学、経営社会学、経営心理学、……等の経営に関する諸科学を、研究対象に沿って分岐した科学にすぎないとして、それをそのまま集めれば良い経営に繋がりうる統一的な経営学ができる訳ではないと考え、本格的・統一的な経営学を求め続けた。最終的に行き着いた境地が、西田哲学をベースにして、対象論理から行為主体的存在論理に視点を転換するということであった。行為主体の視点からすれば、諸科学は組織の・あるいは経営者の主体的行為過程のなかで有機的統一的に結び付きうると考えたのである。山城にあっても同様で、経営者・管理者が経営のプロとして知識・理論と経験の能力を高め、経営を実践していくなかで諸科学は有機的統一的に結び付けられると位置付けられている。馬場敬治においても、彼のいう組織論的現実のなかでは、客観的諸科学によって捉えられているものが、現実に相互どうしで組織的に結びついているという点に彼の「本格的な経営学」成立の根拠を求めている。経営学方法論として長く難問であった組織論と価値・コスト理論を統一した経営学の形成という課題にも、主体の論理（経営主体による統一、総合）によって、一応の解答を出したと言うことができよう。(5) このように、経営学を構想する系譜の論者は、経営主体・経営者の主体的行為のなかに総合化・統一化の契機を見ようとする点で、ほぼ共通する指向がある。

かつての日本の経営学者やドイツ経営学者の問題意識は、主として経済学との関係における学問的自立性・自律性という点であった。「本格的な経営学」という議論も、主として念頭にあったのは、ほとんど実質的に、経済学との関係においての経営学の自律性の観点からの議論から出発したとはいえ、それを超える範囲にまで射程を伸ばしたと言うことができよう。

ところで、現在において、経営学研究の進展にとって、このような方法論的研究や問題意識はいかなる積極的意義を持つであろうか。約一世紀前の経営学生成期に、学問成立の根拠を明らかにして、この学の成立を認知させたいといったような事情は今ではもはやない。経営学（ないし経営経済学等）は学界において周く認知されており、経営学関係の学会も林立するに至っている。研究者の数も増え、著書や論文の数も増え、さまざまな実証的研究も花盛りである。もはや、先人達の議論は不要なものになったとしてよいであろうか。

山本安次郎の口癖のひとつは、経営に関する諸研究・諸学が増えていても、本当の経営の学・経営の研究がない、という事であった。バラバラに経営現象を個別に研究していても、そしてそれらがいくら屋上屋を重ねても、それだけでは肝心の中核がない根無し草のようなもので、経営の全体像が少しもはっきり見えて来ないということである。この点からすれば、今日の盛んな、数多くの研究は、経営というものにどれだけ肉薄しているか、心許ないところがあるといえそうである。経営や経営学の本体がはっきり見えた上での個別研究や実証研究といえるであろうか。経営学はなにをどのように研究し教育するのか、その範囲（内延と外包）はなにか、研究の方法は、などの点で、依然として不明確なままで来ているとすれば、先人達の努力は、今日においても、依然として考えてみるに値する問題であるといわなければならない。

（片岡　信之）

注

（1）事業、企業、経営の三つの概念を厳格に区別し、この三者の主体的統一として経営体（経営存在）を対象とする経営学を強調していた山本は企業学・経営経済学という考えとは本来相容れないはずであった。それゆえ、なぜ「企業学としての経営学」「実践論的経営経済学」を標榜する藻利をここに分類したのかは少し分かりづらい点もある。藻利がドイツ経営経済学とアメリカ経営管理論との批判的研究に基づく独自の「経営学」を構想したという点で、内容が実質的に、山本の考えるもの（ドイツ経営経済学とアメリカ経営管理論との統一）と距離がさほどないという意味からであったのであろうか。

（2）山本安次郎は別の機会に平井泰太郎、村本福松、小島昌太郎、馬場敬治らを、（経営経済学に対立する意味での）経営学の提唱者であったと述べている（山本「馬場敬治博士とわが国の経営学」『彦根論叢』八三／八四号、一九六一年一一月、九頁)。

(3) 山本は大正一三(一九二四)年に小樽高等商業学校に入学し、昭和二(一九二七)年に京都帝国大学経済学部に進学、昭和五(一九三〇)年にはさらに大学院に進学している。

(4) 例えば一例として、『パブリックリレーションズ』(日本証券投資協会)誌上で池内信行、馬場敬治、山本安次郎らの間でやりとりされた方法論を巡る議論に、それは具体的に示されている。池内信行「ドイツ経営経済学—アメリカ経営学との関連を主題として」『パブリックリレーションズ』四巻一号、一九五三年。池内信行「アメリカ経営経済学の特質」同上誌、五巻一二号、一九五四年。池内信行「経営経済学の展開」同上誌、六巻六号、一九五五年。池内信行「経営経済学と産業社会学」同上誌、七巻四号、一九五六年。馬場敬治「経営学の中心内容としての組織理論に就いて」同上誌、六巻七号、一九五五年。馬場敬治「本格的なる経営学の現成を覓めて」同上誌、八巻八号、一九五七年。山本安次郎「経営学か経営経済学か」同上誌、五巻九号、一九五四年。山本安次郎「経済学・組織学と経営学—池内・馬場両博士の所論をめぐって」同上誌、六巻九号、一九五五年。山本安次郎「経営学と組織論」同上誌、七巻一〇号、一九五六年。

(5) 価値と組織の総合という論点は、ドイツ経営学方法論を受けて一九六〇年代までの日本の経営学者が多かれ少なかれ共有していた論点であった。私見では「主体の論理」によらなくてもこの点は解決できたことであったと考える。この点は第二編において後述する。

第二章　平井泰太郎

――経営学の地平を拓く――

第一節　はじめに

平井泰太郎は、一八九六（明治二九）年神戸市に生まれ、一九七〇（昭和四五）年同地に没している。その七四年の生涯は、経営学とともに歩み、ひたすら経営学の発展のために尽くした生涯であった。

一九一八年、神戸高等商業学校卒業と同時に、東京高等商業学校専攻部商工経営学科に進学し、上田貞次郎の研究指導を受けた。一九二〇年五月に母校、神戸高等商業学校の講師に就任し、ドイツ留学中の一九二三年一一月、教授に昇格した。神戸高等商業学校から神戸商業大学、神戸経済大学を経て、さらに戦後における神戸大学経営学部へと、一九六〇年三月の退官に至るまで、四〇年間の長きにわたって、母校において教育と研究に携わった。平井門下からは経営学・会計学を担う次世代の研究者たちが多数巣立っていった。

一九二六（大正一五）年七月、日本経営学会が創設された。少壮の経営学者、平井泰太郎もこの創設会議に参加している。爾来、日本経営学会の中心的メンバーとして同学会の発展を担っていくことになる。戦後は、日本学術振興会、日本学術会議にその名を連ねるとともに、国際経営会議（ＣＩＯＳ）のフェローとして国際的にも活躍した。また、一九六八年には日本経営診断学会を立ち上げ、その理事長に就任している。そして、同年、ドイツ経営学会より日本人として初めて同学会の名誉会員に推薦されている。日本の経営学界のみならず世界の経営学界とともに歩み、その発展に力を傾注した生涯であったといえるだろう。

平井泰太郎の著作物は膨大である。「平井泰太郎博士著作目録[1]」を見ると、①著書一一八、②辞典三、③翻訳書三、④編書二〇、⑤単行本に寄稿した論文・資料・随想等八四、⑥辞書の執筆項目一〇七、⑦雑誌・新聞等に寄稿したもの五八八、となっている。この中から学術的と思われるものだけを選び出してみると、①著書二三、②論文二一七、となっている。これらの著書・論文のテーマは実に広大な分野にわたっており、平井泰太郎の経営学がいかに広い裾野をもって高峰を形成しているかを垣間見ることができる[2]。

平井泰太郎の経営学については、すでに多くの評価が行われており[3]、今日改めて新しい観点を提起することははなはだ難しいが、ここでは、大まかに戦前・戦中・戦後という時代区分に従って、平井経営学の発展の跡をたどりつつ、その基本的な問題意識は何であったかについて考察を試みたい。

第二節　商業学から経営学へ

一九二五年末、平井泰太郎は三年余の在外研究を終えて帰国した。「日本経営学会」が設立されたのは、その翌年の一九二六年七月のことであった。

設立会議では、新たに創設される学会の名称をめぐって激しい論議が展開された。全国の高商・大学二四校から四六名の参加者があり、票決の結果、「日本経営学会」とするもの二七名、「日本商学会」とするもの一二名で、会名は「日本経営学会」と決定された。会名を「日本経営学会」とするものの、学名は規則において「商学、経営学」と連記するということが決議された。当日の会場には、まだ会名が決まっていないのに、「日本商学会創立総会会場」という標示がしてあったというから、いかに激論が戦わされたか、想像に難くない。

しばらくして平井は一連の論文を発表した。(4) いずれも「日本経営学会」の創設会議における論議を強く意識して書かれたものであった。「商学」に対して「経営学」を主張した平井は、何よりもまず「経営学」の何たるかを明らかにしなければならないし、他方において「商学」に対して自らの立場を明確にしなければならなかった。

それらの論稿を基礎にしてさらに思考を重ねてまとめられたものが『経営学入門』（千倉書房、一九三二年）であった。「入門」とはいえ、今どきの、初心者を念頭に書かれた、いわゆる「入門書」

ではない。「兎もすれば学者の数だけ学説があると云われる経営学界の現状」（同上書、「序」）を念頭に置いて、経営学の本質について自らの基本的見解を明らかにしようと試みた、きわめて高度に専門的な書であった。

「日本経営学会」創設当時の論議をふり返って、「畢竟、商学および経営学の同体論が多かった(5)」と平井は回顧している。こうした同体論に平井は疑問を投げかける。むしろ商学と経営学とはどう違うかについてもっと議論がなされるべきであったという。

ドイツでは、商業学（Handelslehre, Handelswissenschaft）の時代はすでに過去のものとなり、すでに経営経済学（Betriebswirtschaftslehre）の時代に入っている。これに対して日本では、高等商業学校、商科大学、帝国大学商学科においては、新興の経営学と並んで商学は依然として中心学科たる地位を占めていた。平井の見るところ、日本の「商業科学は相も変わらず奮態のままに終始して居り」（二四頁）、そこに安住している。もし商学が学問としてまた教授科目としてその存在意義をもち得るのであれば、その安住の地から引っ張り出して、それ自体に改革を迫らなければならないのである。これが『経営学入門』における平井の基本的な問題意識であった。

まず、商業学の代表的テキストとして、内池廉吉の『商業学概論』（同文館、初版一九〇六年、改訂一九二八年）が取り上げられ、そこでいう「広義の商業学」の構想が批判される。このような「広義の商業学」は、結局のところ商業に関する諸学の総合を目指さざるを得ない。ところが、それらの諸学は、それぞれの専門分野においてたえず進歩し、ますます学問的分業を遂げていくであろうから、商業諸学を総合するという試みは、「平和なる図上戦術」に止まり、しかも実際の内容は依然として「借衣の寄せ集め」にすぎないものとなっていく。「神のものは神へ、カエサルのものはカエサルへ」返さざるを得ないように、商業諸学もその一部は経済学へ、他の一部は法学へ返さなければならない、という。

では、残るところの、内池廉吉のいう「狭義の商業学」はどうであろうか。内池はこれを称して「商業経営学」といっている。しかし、平井の見るところ、これには内容的に「殆ど見るべきものがなく……総じて単純なる技術に関する研究に堕している」（九一―九二頁）のである。商業学の対象である商業をいま一度根本的に捉え直すことの必要性が認識され、そこから「商業学改造の運動」が起こってくる。

この「商業学改造の運動」においてさまざまのことが主張されたが、商業の本質を市場機能や配給機能、交換機能に求める立場は、同じように「カエサルのものはカエサルへ」、つまり一般経済学へ返さざるを得ない。では、新しい商業学はどこに立脚点を置くべきであろうか。

そこで平井が取り上げたのが、神戸高商の同僚、福田敬太郎の『商業概論』（千倉書房、一九三一年）であった。この書を批判的に考察しつつ、福田のいう「商業とは取引企業である」（福田、同上書、六〇頁）という観点は、「結局に於いては商業を営む事業体として握ると云う考えに戻って来ざるを得ない」、そして「商業の研究は再吟味せられたる後に於いて、結局経営学に帰らなければならない」（平井、前掲書、一一八―一一九頁）と、平井は結論づけている。

後に、市原季一は、ドイツ経営学の学史を展望して、「経営学の生成は商業学への反乱の形を呈している。従って経営学生成の過程は商業学の改編ではなく商業学分離の過程である[6]」と述べている。一九一一年のシェアー（J. F. Schär）の『商業経営学』（*Allgemeine Handelsbetriebslehre*, Leipzig）をもって、商業学の伝統に対決しつつ、そこから分離する形で経営学が生成してきたとする。この新たに生成した経営学から見れば、商業学は、過去のものであるばかりではなく、もはや交わることのないまったく別個の存在であった。

「日本経営学会」創設会議の経過は、ある意味では確かに「商業学への反乱」であり「商業学からの分離」を象徴していたかもしれない。しかし、それによって商業学と経営学がまったく縁が切れてしまったわけではない。「経営学というものもまた其発達の歴史が示す如く、商業学改造の運動として起こされたもの」（一〇一頁）である。ところが他方で、この改造運動は「直接には経営学によって刺戟せられたと云うことも事実だと認めざるを得ない」（一一七頁）と平井はいう。つまり日本においては商業学と経営学が相互に切磋琢磨しつつ発達してきたと見る。しかし、それでもなお商業学は経営学に回帰せざるを得ない、と平井は考えている。結局、ドイツとは事情が異なるとはいえ、商業学は、経営学に包摂されることによってはじめてその進むべき道が見出されるとする。では、商業学は経営学の中でどう位置づけられるのだろうか。これは経営学の体系の問題となってくる。

第三節　経営学の体系――個別経済学説の展開――

一　『経営経済学泉書』（一九二五年）

平井泰太郎は、一九二二年二月、三年余の海外留学に出発した。二五歳のときであった。その間イタリア、英国、米国も訪れるが、主な滞在国はドイツであった。ドイツでは、ベルリン大学のニックリッシュ（H. Nicklisch）およびフランクフルト大学のシュミット（F. Schmidt）の下で研究を行った。

ドイツ留学中の最も大きな業績は、『経営経済学泉書』（Y. Hirai/A. Isaac (Hrsg.): *Quellenbuch der Betriebswirtschaftslehre. Ausgewählte deutsche Abhandlungen,* Berlin 1925）の編集・刊行であった。「序文」の日付は一九二四年一〇月となっているから、留学してわずか二年半ほどで仕上げた仕事である。弱冠二八歳のときであった。

書の始めに、「ドイツ経営経済学の発展と現状に関する概観」と題する論稿を置いている。東洋の一国からやって来た若い研究者が、ドイツ経営経済学の過去と現在を俯瞰し、さらにその発展方向を見極めようと試みるのである。『経営経済学泉書』は大きな驚きをもって迎えられたに違いない。

扉の次には、一九二四年六月イエーナで開催された「経営学者会議」（Tagung der Betriebswirtschaftler）の写真が入れられている。平井は、三列目のちょうど真ん中に右手をズボンのポケットに入れて立っている。最前列にはニックリッシュがいる。非常に目立つ位置で、しかも唯一の東洋人

である。意欲満々たる、若き日の平井泰太郎の姿を見る思いがする。(7)

経営経済学の概念について、以下のように述べている。「経営経済学とは、個別組織体(Einzelorganismus)の立場から、経済する人間の生活における合法則性を研究するものである。この個別組織体をわれわれは〝経営〟と称する。……〝経営〟のもとであらゆる経済的単位とあらゆる経済的組織体を理解する。このメルクマールが該当するところに経営が存在する」(*Quellenbuch der Betriebswirtschaftslehre*, S. 6)。平井泰太郎の経営学説はしばしば「個別経済学説」として特徴づけられているが、その基本的思考はすでに『経営経済学泉書』において形成されていたのである。

経営学の体系については、「経営経済学の体系図」が挿入されている。

大まかな概要だけを示すと、「一般経営経済学」(Allgemeine Betriebswirtschaftslehre)は、「理論的経営経済学」と「経営経済政策論」から成り、また「一般経営経済学」の内容は、「①内的経営学」(Innere Betriebslehre)と「②流通経営学」(Verkehrs-Betriebslehre)から構成される。

①の「内的経営学」は、「ⓐ取得経営学」(Erwerbs-Betriebslehre)と「ⓑ消費経営学」(Konsums-Betriebslehre)に分かれ、ⓐは「商品取引経営論」「銀行経営論」「工業経営論」などの、またⓑは「家政経営論」「協同組合経営論」「国家・地方自治体経営論」などの専門領域から構成されている。

②の「流通経営学」は、「商品流通論」「資本流通論」「信用流通論」などの専門分野から成っている。

以上のような体系を横断する形で「組織論・管理論」(Organisations- oder Verwaltungslehre)および「会計学」(Verrechnungslehre)が交差する。したがって、①の「内的経営学」と②の「流通経営学」のそれぞれの分野に「組織論・管理論」があり「会計学」があるということになる。そして、最後に①と②について、それぞれ「特殊内的経営学」と「特殊流通経営学」が配置されている。業種や職能による特殊研究の分野である。

この体系図によれば、商業学に関していえば、「一般経営経済学」の中の「流通経営学」に包摂されることになる。商業学は「結局経営学に帰らなければならない」とする平井の基本的立場はすでにここに示されていたのである。

『経営経済学泉書』には、平井泰太郎が若き日に模索した経営学の構想がそのまま映し出されている。帰国後の平井を待ち受けていたのは、経営学の体系・方法論をめぐる一大論争であった。この論争に参加する形でいくつかの論稿が発表されていくが、たえずこの『経営経済学泉書』に立ち戻って自らの立場を示そうとしている。『経営経済学泉書』は、平井経営学にとっていわばその原点ともいうべきものであったといえよう。

二　経営学の対象――個別経済

平井は、まず、資本家的経営経済のみを経営学の対象としようとする私経済説・営利経済説を徹底的に批判する。ひとつは、この学説によって、営利経済以外の経済単位、即ち公企業、公共団体、国家経済が経営学の対象から排除されてしまう、ということであり、いまひとつは、今日の企業、とりわけ大企業は果たして営利によってのみ行動しているだろうか、という疑問であった。後者の批判は、やがて戦後の「高度会社の構想」へつながっていく。

他方、私経済説・営利経済説を否定して生産経済説によって経営経済を規定しようとする主張がある。これによれば、生産を行わない公経済（公企業、公共団体、国家など）、財団経済（病院、学校、宗教団体など）、家政経済は、経営学の対象から排除されることになる。これに対して、生産を行わない消費経済もまた経営学の対象である、と平井は主張する。家政経済や国家経済もまた経営学の研究対象に包摂されなければならないのである。

では、そもそも経営とは何であろうか。そのためには三つの要件について考えることが必要である。即ち、①経営者（経営する者）、②経営目的（経営する事の全般的目標）、③経営行動の統一的持続性（経営する事の為に要する行動の統一的継続）、である。

「①経営者」の職能は、一面では分化しつつあるが、他面では最終的な意思決定（価値判断）を行うものである。いずれにしても「組織的に合成して考えないと経営者と言うものは完全には把握出来ない」（『経営学入門』一三九頁）のである。

「②経営目的」は何かということは経営学の最も根本的な問題である。平井は、これに「経済性」をもって答えようとする。後述するように、それは個人の目的ではなく、組織としての経営の目的である。

「③経営行動」、即ち「経営すると云う事は、……統一性と継続性とを有する組織の存在によって成り立つ」（一四〇頁）。ここには経営を組織体、経営体として把握する観点が提示されている。

では、経営学は、組織体・経営体としての経営をどのような視点から問題とするのであろうか。「いうまでもなく……我々の研究は経済的なる範囲に於いて問題を握るべきである」（一四六頁）とする。即ち、「経済的なる経営」が経営学の対象を構成するのである。

こうして、平井のいう「経済的なる経営」、即ち「個別経済」は、営利経済、公経済、家政経済、消費経済、さらに国家経済と、大きな拡がりを見せていく。経営学は「個別経済がその主体の意思と計画とに基づき、合目的的経済活動を営みつつある側面を捉えるのである」（三五七頁）。この場合、個別経済に共通する特質は「合計画性」「合目的性」「合計算性」である。

三　経営の目的―経済性の追求

経営学の対象を個別経済一般と規定したが、この個別経済の合目的的経済活動を導くところの目的は何であろうか。平井はいう、「経営経済は経済性を目標として、計画し、行為の継続的統一性を企図し、より合目的的なるものを求めて努力せられつつある」（三一〇頁）と。即ち「経済性（Wirtschaftlichkeit）」が個別経済の目的であるという。

では、この場合、「経済性」とは何を意味するのであろうか。「それぞれの経営経済は、一定の経済上の目的を追求しつつある。これを〝経済性の追求〟と呼ぶのである。」「経済性を問題とするとか言うことは、一定の内容のあることではない。生活態度、思索の方向を示すだけのことである。」（三〇九頁）「しからば如何なる状態が最も経済的なるものなりやと言うことは、またにわかに断言し得べからずものであり、断定すべからざるものである。」「経済性とは〝経済の目的に適する度合〟と解すべきであり、経済性を目標とするとは、〝計画し、計慮し、比較商量せる生活態度の中に〟把握すべきものである」（二二九頁）。

平井は、その著『経営学の常識』（千倉書房、一九三二年）では、労働能率や無駄の排除の判断に際して貨幣計算によって経済性の測定がなされる、としている。しかし、ここで展開されている経済性は、むしろ貨幣計算的には把握し難いものである。

経済性とは「経済の目的に適する度合」であるという。この場合「経済の目的」とは何か。個別経済はもともと経済的存在であるから、その目的もまた経済的な目的である。ところが個別経済にとってこの経済的目的の追求ははなはだ容易ならざるところがある。それだけいっそう合計画性、合目的性、合計算性が要求されることになる。即ち、個別経済は、そのときどきに置かれている状況において、たえずより合理的な行動を求められているということである。経済性とは「生活態度、思索の方向を示す」ものだというのは、そのような意味においてであろう。

ニックリッシュは、「経済性は形成および維持の法則が経営経済的生産過程において支配していることを意味している(8)」と述べている。形成の法則および維持の法則は、その経営共同体論から導き出されたもので、経営共同体としての経営自体の維持と経営構成員の維持とを命じている。もし経営構成員がその給付以下の成果分配しか受け取っていないとすれば、それは経済性に反することになる。成果分配における正義を命じているところに、ニックリッシュの経済性論の大きな特徴がある。

われわれの見るところ、平井のいう経済性は、結局のところ個別経済、即ち経営経済自体の維持を目指すところにあると思われる。経済的目的を達成できなければ経営は維持されないし、経営が維持されなければ経済的目的を達成することはできない。平井の経済性論においては成果分配の問題はほとんど論じられていないが、少なくとも経営維持の観点より成果分配の問題を見ることになるのではないかと思われる。

四　経営間の交通関係と経営学

流通経済社会の事象、即ち市場事象は、従来、商業学が深い関心を寄せてきた問題領域であったが、すでに見たように、この問題領域は本来経済学に属するものであって、市場論として経済学に返すべきである、というのが平井の主張であった。他方、商業学に固有の特殊交通論といわれてきた、銀行・金融論、保険論、取引所論、鉄道論、海運論等は、多くの場合単なる技術論に脱しており、経営学の立場から捉え直すことが必要である、としてきた。

取引、あるいは売買行為として捉えられてきた経営間の交通関係は、これを「経営の業務」として理解しようとする。「取引は畢竟経営の活動そのものであって交通そのものではない」(『経営学入門』三三〇頁)という。銀行・金融論、保険論などの特殊研究は、業務論を成り立たせるための素材または参考的研究としてこれを位置づけようとする。個別経済の業務活動であるから当然そこには合計画性、合目的性、合計算性が働いており、経営学的考察が成り立つことになる。

平井が注目した、もうひとつの経営間の交通関係は、企業の外部で形成される企業間関係であった。これを「社会経済における規制的組織」と称している。「その関係の間には〝見えざる手（Invisible Hand）〟が互いの経営経済より一定の方向に指し延べられて、相結び、相握り合って、特定の統制関係を作っていることがすこぶる多いのである。」「そこには統一的、持続的なる意識的結合関係が生じていることがはなはだ多いのである」（三四四―三四五頁）。

このような関係として、平井は、国家による産業統制、財閥による系列支配、企業間のさまざまの商習慣や継続的取引関係、労働団体、消費者団体などの存在を指摘している。企業間の関係に即していえば、一方では競争的関係にありながら、他方では自然発生的にあるいは半強制的に協調的関係が形成されている。今日では市場の組織化あるいは市場におけるネットワーキングの形成といわれている現象に、平井は注意を促したのである。こうした結合関係は、経営の立場から見れば業務活動の必要上生まれたものであるから、当然、経営学の問題領域を形成することになる。後に、平井は、この問題領域を「経営者職能の外縁的分担」としてさらに議論を進めている。

総括的に平井はいう、「経営学は、……市場経済における考察を完成することによって、おそらくその清算を完了するものであろう。かくして古き商業学はまったく新しき経営学によって置き換えられるべしと考える次第である」（三五一頁）と。

第四節　統制経済と経営学

一　戦時統制経済と経営学──経営国家学の成立

平井泰太郎は、一九三七年六月から一九三八年五月まで二回目の海外留学に出かけ、ドイツ滞在中に『新経営経済泉書』(Y. Hirai/P. Deutsch (Hrsg.): *Neues Betriebswirtschaftliches Quellenbuch. Eine Allgemeine Betriebswirtschaftslehre in Einzeldarstellungen*, Leipzig 1938) を編集・刊行している。一九二五年の『経営経済学泉書』との決定的な違いは、何よりもその時代背景にあった。すでにヒトラー独裁体制が形成され、一九三四年には「国民労働秩序法」(Gesetz zur Ordnung der nationalen Arbeit) が制定されている。第Ⅱ部の「経営管理」には、「国民労働秩序法による経営、経営指導者(Betriebsführer)、従業員 (Gefolgschaft)」という帝国管理局の文書がそのまま掲載されている。

この書の「序論」において平井は以下のように述べている。「経済は民族共同体の奉仕的肢体であり、そこから経済における、より高く、より政治的で、より倫理的な行動性向が生まれてくる。」「新たなドイツ経済政策は偉大なる共同体使命の意識によって導かれ、この意識はとりわけ、民族同胞としての労働者に職場を確保し労働の権利を実現するという、経営指導者の責任に表明される。労働が経営の中心に置かれるのである。」

日本では一九三七年七月に日中戦争が始まり、一九三八年五月には国家総動員法が施行され、やがて太平洋戦争へ突入していく。ドイツ留学から帰国した平井を待っていたのは、ますます進行する戦時経済の統制化であった。統制経済下における個別経済の経営問題をどう捉えるか、これが平井にとって大きな課題となってきた。

一九四一年五月に『国防経済講話』（千倉書房）が出版されている。この年の一二月にはいよいよ太平洋戦争が始まる。各地で行った講義や講演の速記録をもとに「超非常時局における国防体制の解説」としてまとめられたものが本書であった。

続いて一九四二年五月、『統制経済と経営経済』（日本評論社）が出版された。平井は述べる、「全体としての国民協同体、即ち国民経済が、合目的的なる発展を遂ぐるがために、その職分分担者としての個別の経営協同体、即ち経営経済が、それぞれ在るべき位置に置かれ、在るべき機能を満たしつつ在る状態を思うとき、そこに経営学の正しき目標が明らけく浮かび上がって来ることを感ずる」（同書、四頁）と。

では、統制経済下における経営学の課題は何か。戦時体制の進行に伴って試行錯誤的に行われてきた、ゆるやかな経済統制は、やがて総力戦に突入するとともに、経済活動のすべてが計画化され統制化された拘束経済・強制経済が出現する。平井は、これを「全国民経済が、一経営経済として成立する(9)」ところの「経営国家」と称する。それはまた高度国防国家の出現であった。

この段階において、個別の経営経済はその自主性と自立性を喪失するので、自ずと経営経済学の課題は消失し、その存在意義を失ってしまうのではないか、という意見が聞かれた。しかし、平井はそうは考えない。平井の経営学は個別経済一般をその対象として包摂するので、国家経済も当然その研究対象を形成することになる。しかし、それ以上に「経営国家」の段階に至ると、経営学は、重大にして新たな課題を担わなければならなくなる。

「人類は、未だ一億を一単位として経営する経営技術において未知でありとするならば、職域奉公者としての個別の経済単位、即ち経営経済の確立こそ、ますます重要を加えるものといわなければならない。[10]」「全国民経済を一元的に一個の単位として運営することは、実行不可能に近い。したがって、実践的にはその間にある程度の責任および権限の委譲せられたる独立の多くの個別の経営経済が成立することとなるであろう。[11]」かくして「経営経済学が、経営国家の学としての側面を持つ[12]」に至るのである。これを「経営学の国家学的性格化」、即ち「経営国家学の成立」と称している。

戦時統制経済がその目標を十全に達成しようとすれば、経営国家にもまた合計画性・合目的性・合計算性、即ち経済性の追求が当然要請されてくる。したがって、個別の経営経済と同様に、全体の統制経済も「一般的経営原則の指示するところの同一の原理に従うことは当然である[13]」とされる。

経営学者としての平井の目は、戦時統制経済、即ち高度国防経済に対してきわめて冷静かつ客観的に注がれている。そこにどのような経営学的問題が所在し、経営学はそれらにどう対応すべきか、詳細に検討を加えている。経営学固有の問題以外に、「暴利」の問題、「利潤統制」の問題、「価格統制」の問題、「計算機構」の問題等、さまざまの問題が取り上げられている。特に統制経済に精通した人材の不足とその人材育成の急務が指摘されている。

平井の経営国家学によれば、高度国防的統制経済は、その所期の目的を達成しようとすれば、複雑にして高度な諸々の問題を克服しなければならない。そこで指摘された、あまりにも過大にして、国家の能力の限界を越えるような諸要請を前にするとき、いずれ統制経済は破綻を来すのではないか、そのような予感を人々に抱かせる。例えば、平井の「統制価格論」を一読した者は、統制経済において価格を決定するということがいかに複雑かつ困難な過程であり、そのための機構を整備し必要な人材を育成・調達することがいかに容易ならざることであるかを知って、ただ驚くばかりであろう。平井が展開した経営国家学は、当時の戦時国家体制からすれば、誠に無理難題を突きつけるものとさえ思えたことであろう。果たせるかな、戦時統制経済体制はやがて破局を迎え、終戦によってその幕を閉じることになる。

戦時期を平井泰太郎は四〇台で過ごしている。学者として最も脂の乗り切った時期である。この時期に書かれた平井の著書・論文には、日本が直面している国家的危機を一国民として粛々と受け止め、学者として果たすべき使命に誠実であろうとする姿勢が貫かれている。いわゆる国家主義的精神は平井から最も遠いところにあった。歴史と伝統を踏まえながらも、個別経済の自主性と自立性を基礎とした経済体制、即ち市場経済体制こそ平井の求めていたものであった。その意味からすれば、戦時期における平井の一連の統制経済研究は、その根底において統制経済体制に対する批判を内包したものであったと理解することができよう。

二　戦後統制経済と経営学—統制経済の批判

平井泰太郎は、日本における経営学博士第一号である。「経営学博士をつくって自分が最初にとったのだ」とよく周囲を笑わせていた。その学位請求論文が「優秀生産及び適正配分を目途とする統制管理及び売買組織改善の研究」（一九五一年）であった。この論文は、同年、『経済統制の底流—優秀生産及び適正配分を目途とする統制管理及び売買組織改善の研究』（東洋経済新報社）として出版されている。

戦時期統制経済に向けられていた批判の目が、ここにおいてはじめてカムフラージュを破って正面に据えられる。戦時期および戦後期における経済統制に経営学の観点から根源的な批判を加えようと試みるのである。四七四頁に及ぶ大著である。統制経済一般を論じるとともに、ゴム業に対する経済統制を取り上げて、戦時期・戦後期における経済統制の政策とその実態を詳細に検討しながら、その問題点を明らかにしようとする。ゴム業に対する経済統制は、戦時期の一九三七年七月に始まり、戦後の一九五〇年四月に撤廃されている。その間の政策と経過について細部にわたって詳細に検討を加え、経済統制がなぜ失敗したのか、その原因を究明しようとしている。

戦後における経済統制として、まず臨時物資需給調整法（一九四六年）が考察される。この法律には指定生産資材割当手続規則と指定配給物資配給手続規則が含まれている。ゴム業界における実態を詳細に分析して、規制と現実との間に大きな齟齬が生じ、そのため経済統制の効果が上がっていないことを実証する。特に物資調整官制度を取り上げて、当時の官吏機構の不合理性を厳しく批判している。

ゴム業界における配給統制もその目標を達成することはできなかった。ゴム履物配給規則（一九五〇年）については、平井は、その制定過程において第三者として、占領軍の総指令部側と交渉した経験をもっている。経営学の観点からさまざまの助言を行ったが、この配給規則は多くの欠陥を抱えたまま施行された。平井が特に強調したことは、商品流通の実態を無視しては有効な配給統制は期待できない、ということであった、商品流通のシステムはきわめて複雑であり、配給過程には各種の中継機関があって、これを生かさなければ効果的な配給統制はできない。問屋不用論は戦前においても聞かれたが、商品流通における問屋・卸屋の機能について、戦後になってもなお大きな認識不足が存在していることを、平井は大いに嘆かなければならなかった。流通業者の配給機能の無視・軽視が配給統制の失敗につながったと見ている。

すでに戦時期においても論じられていた「闇取引」「闇市場」の問題が再び取り上げられている。「闇は主として統制経済の産物」であり、「経済統制の企画および運営の能力的限界を越えたる生態よりして、不可避性をもったもの」である。即ち「闇取引は、非合法というよりは、法制の間隙を補正する調整取引の性格をもって来る」（四三五―四三七頁）という。「闇取引」の問題を冷徹に分析する平井の目が光っている。道義論で片づけることはできないのである。

戦後における経済統制は、経済復興とともに緩和され、諸規則も次第に廃止され、やがて撤廃されていく。平井の統制経済批判は、時代制約的なもので、統制経済の崩壊とともにその意義を失っていったのであろうか。現時点から改めて平井の統制経済研究を眺めてみると、それが時代を超えて普遍的な価値をもっていることに気づかされる。平井は、その後、統制経済の問題を特に論じることはなかったが、とりわけ第二次大戦後、社会主義諸国に出現した統制経済・計画経済をどう見たことであろうか。平井の統制経済の経営学的研究からすれば、それらはいずれ崩壊の危機に見舞われることが予測されたに違いない。きわめて逆説的であるが、個々の個別経済の自主性・自立性を生かさなければ、統制経済自体が成り立たない、というのが平井の基本的主張であった。しかも、平井によれば、それはほとんど実行不可能に近いのである。

第五節　高度会社の構想

終戦の秋、平井泰太郎は五〇歳を迎えた。日本経済は、戦後の混乱期・統制期を脱し、再建・復興期を経て、やがて成長期へと突入していく。自主性と自立性を基本とする個別経済、即ち企業経済にとってようやくその活動の舞台が整えられていく。経営の実際に精通した経営学者、平井にとっても大いなる活躍の場が開かれていった。代表的経営学者としてはいうまでもなく、日本学術振興会・日本学術会議の一員として、戦後日本が直面する経済問題・経営問題について意見・提言が求められるようになった。一九五〇年代に入ると再び精力的な執筆活動が開始された。学術誌以外にさまざまの経営実務誌や業界誌から盛んに寄稿を依頼されるようになった。この当時、平井を強く惹きつけていた問題のひとつが「高度会社」の問題であった。それは、ずっと後になって、大企業体制の問題、企業の社会的責任の問題、あるいは企業統治の問題として、経営学・経済学・法学を巻き込んで一大論争が展開されるようになる問題領域であった。

大会社における株式の分散、法人株主の増大、所有と経営の分離、専門経営者の出現等については、すでに戦前から、例えば『経営学通論』（一九三五年、千倉書房）などにおいて考察が加えられ、大企業の社会性・公共性に注意が向けられていたが、戦後に至って、平井は、大企業の抱える諸問題を改めて取り上げ、これを「高度会社の構想」として論じるようになった。

きっかけは戦後における商法改正・会社法改正の動きであった。日本学術振興会経営問題総合委員会の委員として、同委員会の「株式会社の改正に関する提案要綱」（一九五〇年四月）の作成に関わったのである。そこにおける議論の過程で、平井は自らの見解を「高度会社の構想」として展開し、その基本的思考をいくつかの論稿として発表していった。一九五二年には自ら編纂した『経営学辞典』（ダイヤモンド社）において、「高度会社の構想」という事項を設けて、自らの主張を簡潔にまとめ上げている。さらにずっと後になって一九六五年には、『高度会社の構想』と題する小冊子を出している。「高度会社」の問題は、戦後の平井経営学にとって中心的な研究テーマのひとつであったといえるだろう。

「高度会社」とは、「会社形態が高度に発達を遂げ、個人的所有・支配・経営の域を脱して、社会制度的機構としての存在になった会社を言う」（『経営学辞典』二二八頁）。これに対して、初期的な資本会社を「低度会社」と称している。法的には株式会社でありながら、実質的には個人会社・家族会社であるような小規模・零細企業、即ち「低度会社」が多数存在する一方で、他方では、その規模において他を圧するばかりではなく、その経営が公共性・社会性または国家性をもつに至った「巨大会社」、即ち「高度会社」が存在しているのである。

平井はいう、「すでに高度に発達を遂げたる『高度会社』が存在するのであるから、……『低度会社』と同一の規定をもってこれを規制することには無理がある。」「現代に於いて、会社法が制定されるものとするならば、現代の会社たる『高度会社』こそその対象となるべきものである[14]」と。前期資本主義の段階で生まれてきた「低度会社」と後期資本主義時代の産物である「高度会社」とでは、会社成立の経済的要件を異にしているのであるから、法制化に際してはこれを区別して取り扱うべきだ、というのが平井の主張であった。

では、「高度会社」をどのように把握すればよいのか。形式的に把握する指標として以下の四点が考えられている。①資本金が一定以上であること。②株主数が一定以上であること。③株式が証券取引所に上場されていること。④株式が市場流通証券として広く売買されていること。

当初は、①については二億円以上、②については五〇〇〇人以上としていた。『経営学辞典』では、①を一〇億円以上、②を一万人以上とし、さらに上記の四点以外に、大株主の大部分が法人・団体・公共機関によって占められ、その構成比率が四〇〜六〇％であることを指標として提案している。ずっと後になって一九六五年には、①は五〇億円以上としつつも、②および③についてはこれを特に指標としてあげることはしていない。ただ、資本金五〇〇〇万円未満のものは株式会社として認めないこと、最低資本を一億円程度とすることを提唱している。

このような高度会社の量的規定に関して、山城章は、平井の見解に疑問を提起している。平井のいう「高度会社」と「低度会社」の区別は、ある程度まで量的な判断基準が必要であることには異存はない、しかし、「高度」か「低度」かの判断はあくまでも質的なものであって、「高度会社の構想」においてはこの量・質の関係があいまいになっているのではないか、と批判する。[15]

これはもっともな批判である。「高度会社の構想」では、法制化を強く意識しそれを急ぐあまりに、量的判断が先行し、高度会社の質的側面についての経営学的考察が立ち遅れているという印象を否めないのである。

その後の商法改正・会社法改正の跡をふり返って見ると、残念ながら、現実は「高度会社の構想」が期待していた方向とはまったく逆の方向へ動いていった。二〇〇六年の「新会社法」に至っては、いわゆる資本金一円による株式会社設立が可能となり、むしろ「低度会社」に対してますます広く道が開かれる展開を示している。中小企業やベンチャー企業の増大する資本需要に応える形で、証券市場の多様化と多元化が進む一方、他方では株式会社の設立要件の簡易化と株式会社のいっそうの普及が図られてきたのである。

このように、商法改正・会社法改正の歩みは平井の期待を裏切る形で展開されてきたが、では、平井の「高度会社の構想」は、時代錯誤的な主張としてその意味を失っていったのであろうか。そうではあるまい。むしろ時とともにますます重要性を帯びていくのである。

平井はいう、「高度会社が制度的に確立しつつある事実を事実として認め、……その機関とか、経営者制度とか……に関する考え方が、小規模の在来のごとき株式会社と同一であっていいわけはない。たとえば株主の問題のごときも、主力は法人となるであろう」[16]と。平井は「高度会社」が内包するさまざまの問題を掘り起こしている。株主の大衆化と株主保護の問題、株式の利益証券化と証券操作の問題、株主総会の形骸化の問題、会社と株主の関係の問題、法人株主・機関株主の増大とその支配力の問題、高度会社の社会性・公共性・国際性の問題等々である。これらの問題はやがて経営学にとって豊饒な研究分野へと成熟していく。平井は問題の在りかを示したものの、それらに体系的な考察を加えるには至っていない。時代は時期尚早であった。問題の解明を後学に託したのである。

第六節　おわりに

戦後における平井泰太郎の特記すべき功績は、何といっても『経営学辞典』（ダイヤモンド社、一九五〇年）の編集・刊行であろう。「実に三五〇名の執筆を得た。全会員の七〇％にあたる。先輩と新進とあらゆる学派・学府の専門学者の協力を得たること幸これに勝るものはない」と「序文」で述べている。執筆者の数もさることながら、本文一二七五頁に及ぶ『経営学辞典』は、まさに経営学「大辞典」と称されてもおかしくない。「世界各国の同種のものに比しても、さまで遜色のあるものでないと思う」（平井泰太郎編『経営学事典』青林書院新社、一九六四年、「序」）と後に回顧している。日本においてこれまでのところ、その規模と内容においてこれを凌駕するような経営学辞典は出ていない。経営学を中心に商学、会計学の分野を網羅し、さらに経済学、社会学、心理学、法学などの隣接諸科学の分野にまで及んでいる。

若き日に平井泰太郎が『経営経済学泉書』において描いた、個別経済学としての経営学の構想は、その体系からして自ずと経営諸学の総合的かつ学際的な協働を前提とせざるを得ない。『経営学辞典』の編纂にはこうした個別経済学の構想が脈々と流れていると理解される。

『国民経済雑誌』第一〇二巻第四号（一九六〇年一〇月）は「平井泰太郎博士記念号」として刊行された。退官記念号である。学問と人なり（宮田喜代蔵）、経営学説（古林喜楽、古川栄一）、会計学説（山下勝治）、高度会社の構想（山城章）、経営機械化（米花稔）について論稿が寄せられている。

これらの論稿は、平井経営学がいかに広い関心領域によって支えられていたかをものがたっている。ここで会計学説が取り上げられていることに驚かれる向きもあろうが、平井の朝鮮簿記研究や出雲田部家の簿記研究などは、今なお経済史家によって高く評価されている。

今日、平井経営学の全体像を展望するとき、その問題意識がたえず時代の先を行っていたことを強く感じさせられる。例えば、平井は経営機械化の問題に早くから取り組んでいた。平井にとって、情報化社会の到来は、はるか先のことではなく、すぐそこまで来ていたのである。

そしてまた、平井泰太郎は、将来の経営学の発展基盤となるべき問題領域を開拓し、そこに最初の鍬を入れ、そして種を播くことを自らの課題としてきたのではないか、そのような感想をいっそう深くする。その意味において、平井泰太郎は確かに「種を播く人」[17]であり、「経営学の地平を拓いた」偉大なパイオニアであったと評価できるであろう。

（増田　正勝）

注

（1）「故平井泰太郎博士著作目録」神戸大学名誉教授平井泰太郎先生経営学論集刊行事業会編『平井泰太郎経営学論集』千倉書房、一九七二年。

（2）平井泰太郎の論稿をいくつかのキーワードで分類してその数を示すと、以下のようである。なおカッコ内は単行本の数を示している。①経営学史・経営理論二〇（四）、②ドイツ経営学一二（三）、③米英経営学七、④日本経営学一二、⑤経営形態・会社形態一二、⑥経営構造・経営組織八（三）、⑦経営史・技術革新八（一）、⑧トップ・マネジメント七（二）、⑨経営合理化五、⑩経営機械化八、⑪経営財務・株式・証券九、⑫経営診断七、⑬簿記・会計五三（二）、⑭小売・流通一三（二）、⑮百貨店七。

（3）例えば、以下のような論稿がある。古林喜楽「平井経営学の構想」『国民経済雑誌』（神戸大学）第一〇二巻第四号、一九六〇年。古川栄一「平井博士―人と学説」同上誌。古林喜楽「平井泰太郎―単位的個別経済学説の構想」古林喜楽編著『日本経営学史―人と学説』日本評論社、一九七一年。眞野脩「平井泰太郎の個別経済学」経営学史学会編『日本の経営学を築いた人びと』文眞堂、一九九六年。

（4）例えば、以下のような論稿がある。「経営学の体系」『経営経済研究』（神戸高商）第一冊（一九二八年）。「商学と経営学―其類同と対立」『経営経済研究』（神戸高商）第三冊（一九二九年）。「経営学的考察の吟味（一）」『国民経済雑誌』（神戸高商）第四七巻第四号（一九二九年）。「経営学的考察の吟味（二完）」同上誌、第四八巻第四号（一九三〇年）。

（5）平井泰太郎「商学と経営学―其類同と対立」前掲誌、一二七頁。
（6）市原季一『ドイツ経営学』森山書店、一九五四年、八頁。
（7）平井泰太郎とドイツ経営学については、増田正勝「平井泰太郎博士とドイツ経営学」『広島経済大学経済研究論集』第三四巻第四号、二〇一二年。
（8）Nicklisch, H., *Wirtschaftliche Betriebslehre*, Stuttgart 1922, S. 81.
（9）平井泰太郎「経済機構の計画経済化と経営経済」『経営経済の諸問題』（上田貞次郎博士記念論文集、第一巻）科学主義工業社、一九四三年、二一〇頁。
（10）同上論文、二二七頁。
（11）同上論文、二一一頁。
（12）平井泰太郎「経営国家学―経営学の国家学的性格化の問題」神戸商大新聞部編『経済及び経済学の再出発』日本評論社、一九四四年、七九頁。
（13）平井「経済機構の計画経済化と経営経済」、二一二頁。
（14）平井泰太郎「高度会社の構想」高瀬荘太郎編『新会社法と会社経営』森山書店、一九五〇年、二一一―二一二頁。
（15）山城章「平井博士の高度会社論批判」『国民経済雑誌』第一〇二巻第四号、一九六〇年、五一頁。
（16）平井泰太郎『高度会社の構想』全国地方銀行協会、一九六五年、二七頁。
（17）平井泰太郎の追悼記念文集は「種を播く人」をその書名に選んでいる。『種を播く人』平井泰太郎先生追悼記念事業会発行、一九七四年。

第三章　山本安次郎
――本格的経営学の探究――

第一節　はじめに

今日、「空間」より「時間」を重視する時代へと加速的に進んでいる。「空間」の意味が「捨象」され、「時間」の意義が強調されている。しかし、現実の「場」は、異質な、従って緊張関係をもった二つの織りなす世界である。それ故に、そこには一定の「リズム」が必要となる。その欠落と乱れが病理を生み出す。現代はそのような世界になりつつある。

かかる時代に生きるには、われわれはどうすべきか。答えは明らかである。「リズムを取り戻すこと」、「乱れたリズムを調整し直すこと」。これ以外に方途はない。それへの接近方法は、また、基本的には二つしかあり得ない。一つは、歩みあるいは走り続けるのみでなく、時には立ち止まり、異質なものが織りなす現実の「場」に寄り添い思索することである。そこから違いの中に通底している共通なるものを展望する思考習慣をつけることである。いま一つは、そのことを基盤に他者との協働関係を構築し、「リズムを取り戻す場の再構築、リ・デザイン」に参加することである。

山本安次郎は、第一の方法を実践した人である。山本の「本格的な経営学」探究の過程は、そのことをよく表している。上述した課題の探究は、終わりがなく、常に課題性の下にある。山本は、そのことをよく認識し、第二の方法をも経営学の世界で志向し、実践してきた人である。それ故に、山本経営学を語るには、個人的歴史に沿いながらその学説の生成を確認していく仕方が、最も適切であるように思われる。(1)

第二節　学問・経営学探究へのプラットホーム
――小樽高等商業学校・京都帝国大学時代――

一　島根県立商業学校から小樽高等商業学校へ

島崎藤村の『山陰土産』のなかで、「私は、曾って何処にも、こんな桃源めいた漁村を見たことがない。……、こんな仙境が隠れていようとは、実に意外であった。」と語ったのは、島根の日本海側に面した「惣津という漁村」である。山本は、明治三七（一九〇四）年六月三日、この地に生まれる。山本の性格と精神について、この環境と結びつけられ、「いつもまっすぐな人物であ」り、「特異なまでの不撓不屈」、と語られる。(2)

山本は、大正一三（一九二四）年、島根県立商業学校から小樽高等商業学校へ進み、生涯の畏友手嶋恒二郎（千代田火災海上保険株式会社元会長）や石田興平（金融論専攻、滋賀大学名誉教授、大阪大学元教授）達に出会うと共に、学問へのプラットホームを得た。河上肇の『貧乏物語』、左古田喜一郎の経済認識論、新カント派哲学、マルクス（K. Marx）の資本論などに興味を持つ。本人も「学問の面白さを知」り、「これまでとはまったく違い、別世界に入り、目が開けた思いにひたることができた」、と回顧している。[3]また、畏友と共に、軍事教育反対運動にも参加し、停学処分も受けている。

手嶋は、「共にかなりの厳しい処分を受けたことは、お互いの友情を殊更に絶ち難いものにしていった」と分析し、[4]共に処分を受けた今一人の畏友石田はその後前後しながら、京都帝国大学、立命館大学、満州建国大学、滋賀大学まで同僚として、極めて親密な間柄を築いている。山本にとって、小樽および小樽高商は、旅立ち、かつ立ち戻るべきプラットホームであった。昭和五（一九三〇）年六月に結婚したパートナー、山本ヒロは小樽の出身であり、また終戦後シベリア抑留から解放され、郷里の島根に帰国した二カ月後、滋賀大学に赴任するまでの約二年間小樽に移り住んでいる。そこで、小樽青果物株式会社経理課長として、「経営学の有効性を証明するつもりで働き」、「生きた経営の実態に触れ」ることになったのである。[5]

二　京都帝国大学経済学部から大学院へ

小樽高商での停学処分の結果、推薦状が得られなく就職を断念した山本は、河上肇を慕って京都帝国大学経済学部選科に進学し、河上の「経済原論」と西田幾多郎の「哲学概論」の最後の講義を受けている。島崎藤村の『山陰土産』は、昭和二（一九二七）年の七月から九月に「大阪朝日新聞」に発表された。京都帝大に入学した数カ月後の、二三歳の時である。それは、偶然ではあるが、彼の京都での学究的な生活の始まりを、祝っているように思えるのである。

三年次経済学部本科への編入が叶い、学問の探究を深めて行く。ちなみに、入学の前年、小樽高商最終学年、大正一五（一九二六）年七月に経営学会が設立されているが、しかしこの時期はまだ、経済学に興味を持っていた。転機となったのは、学部の谷口吉彦演習であった。そこで、山本は、経営分析論を選択し、わが国紡績会社大中小三三社の分析に基づく比較経営研究を試みている。しかし、この段階に至ってもなお、というより益々経済認識論に関する問題意識を高め、大学院進学を決意する。しかし、指導助教授の谷口の勧めもあり、経営学を専攻した。当時の谷口は、「学位論文となった『商業組織の特殊研究』（日本評論社、一九三一年）の執筆中で、経済現象と経済活動の区別と関連とを基礎に商業経済学と商業経営学」を対比し論陣を張っていた。[6] 彼は、新しい経営学の可能性に掛け、開拓への挑戦を山本に進めたように思われる。また、山本も、小樽高商まで経営学探究の基礎となる諸科目を修めており、「知らず知らずのうちに経営学の研究に対する諸条件を備えつつあった」ことを再確認し、それに応答したのである。[7] また、この選択には、経済学部教授作田荘一の「経営学と経済学との対照」（『山口商学雑誌』創刊号、一九二七年）も契機となったようである。

山本の大学院進学は昭和五（一九三〇）年である。最も経営学に近い、小島昌太郎演習に参加する。小島は、山本が大学院に入学した昭和五年、大学の紀要に、「経営学の本質」（『経済論叢』第三〇巻第一号）、「経営学の意義」（『経済論叢』第三〇巻第二号）、「経営学と経済学」（『経済論叢』第三〇巻第四号）を発表している。山本の京都大学退官記念号の献辞で出口勇蔵は、「当時、わが学部では経営学を軽んじる風がないでもなかったのであるから、この青年学徒の決意には並なみでない悩みが隠されていたと言ってよいであろう(8)」、と山本の当時の心境を推察している。しかし、山本が後に、「経営学の自律性」を問題提起として受け止め、経営の「経済学」、また単なる「管理論」、「組織論」ではなく、「経営の学」としての経営学、つまり「本格的な経営学」の探究に進み、山本経営学と名づけられた独創的な経営学の体系化を試みる必然的な環境が、すでにここに整えられていた、と私には思われる。

第三節　経営学の基本構想と哲学的基礎づけ
——立命館大学と建国大学時代——

一　「経済学と経営学」、「経営学の自律性」、「ドイツ経営学とアメリカ経営学」と経営管理論構想

山本は、大学院生のまま研究者・教育者として、立命館大学へとステップを進める。昭和六（一九三一）年九月講師に、その二年後助教授に、そして昭和一一年四月の立命館からの要請による大学院退学を経て、一三年四月教授に就任している。

昭和六年一月、小島研究室を中心として、京都経営学会編集の月刊『経営と経済』が刊行され、山本は論文を次々と発表する。とりわけ、最初の一月「技術の概念に就いて―経営概念規定のための序論―」（第一巻第一号）、六月「企業の概念について―経営概念規定のための序論―」（第一巻第六号）、九月「経営の本質」（第二巻第三号）、翌年の一月「経営形態について」（第三巻第一号）、四月「資本組織と経営組織―経営体の分析の一つの試み―」（第三巻第四号）等、後の経営学構想の萌芽を予想させる論稿が眼につく。これらを基礎に、昭和一四（一九三九）年の退職までの立命館時代に、後の学位論文となる「経営管理論」の構想がまとまる。それは「経済学と経営学」のコントラストを鮮明にすることから、経営学の可能性を展望しようというものであり、それは、山本の原点でもある。

では、日本の経営学界においては、この時期はいかなる状況にあったか。山本自身、経営学会設立の大正一五（一九二六）年から昭和四一（一九六六）年までの四〇年間を一〇年ずつに区切り、「基礎づけの時代」（大正一五～昭和一一年）、「拡充の時代」（～昭和二一年）、「アメリカナイズの時代」（～三一年）、「反省再検討の時代」（～四一年）と経営学発展の特徴を表している。[9] 立命館大学時代は、丁度「基礎づけの時代」の半ばから「拡充の時代」にはいったところであった。京都帝大入学からみれば、ほぼ「基礎づけの時代」に重なる。山本は言う。[10]「この一九二六年から一九三六年に至る一〇年間は先駆者等によって蒔かれた種が開花結実する時代で、経営学の自律性をめぐる方法論争や本質論争の最も華やかに、しかも真剣に行われた時代ということが出来る」。さらに続けて、「昭和六年こそ時間的に中間点であり、中心であるばかりでなく、一つの頂点をなすといわなければならない」、と指摘する。それは、馬場敬治著『経営学方法論』(日本評論社)、宮田喜代蔵著『経営原理』(春陽堂)、中西寅雄著『経営経済学』(日本評論社)、谷口吉彦著『商業組織の特殊研究』(日本評論社)などが刊行され、経営学の自律性を巡る論争が根拠となっている。とりわけ、山本が注目した論争は、谷口の経済学と経営学、経済現象と経済活動の区別を巡る中西との論争であった。中西は、「経営学」という言葉を最初に使用した人であり、その自律性を探求しながらもそれを断念した。山本は、当時、大学院二回生および立命館大学の講師であり、中西の『経営経済学』について、以下のように心境を吐露している。[11]「四六二ページの重量感と、自信に溢れた個別資本学説を主張する本書によって如何に大きな衝撃を受けたか」。このような状況を配慮するならば、『経営管理論』の構想がドイツ、フランス、イギリスの諸学説の比較研究を通し、「経営学の自律性」を探究するという文脈の中で進められたことは、山本にとって当然のことであった。中西の『経営経済学』は、そのよき刺激となった、と推察される。

その『経営管理論』は、四年後の一八(一九四三)年満州建国大学で講義用に謄写版で書籍化されたが、出版は戦中戦後の混乱状況もあり、昭和二九(一九五四)年を待たなければならなかった。この構想について特筆すべき点は、アメリカのテイラー(F. W. Taylor)やフランスのファヨール(H. Fayol)、そしてドイツのトムス(W. Thoms)を中心とした管理論の比較研究により、すでに経営学の対象である経営が管理と組織の相互作用として把握されていたことである。昭和二九年版によれば、「経営管理は経営組織と対応する経営の一作用であつて、それは経営活動という組織的行為過程に内在する合理化作用従つて経営の合理的自己形成の作用として把握せられる」とある[12]。ここには、経営組織論が、また経営論が予想されている。『経営管理論』は、単なる管理論ではなく、このような意味での「経営」の「管理論的」研究である。

『経営管理論』の構想が先行したのは、おそらく、「経営学の自律性」の探究には、何よりも対象の固有性と共に学問的性質に対する確固たるイメージが必要であったからに他ならない。「管理論」は前者の面においては最も可能性が拓かれているけれど、後者においては難点がある。それ故に、山本は、「対象の固有性」を視野におきながらこの点を克服すべく、「一方にはテーラーやフェィヨル以来の実用主義的管理研究を、他方にはトムスに至るドイツの論理主義的管理研究を比較検討して、それぞれの長短優劣を明らかにし以てこれらを超容（アウフヘーベン）し統一しようと」したのである[13]。ここに、山本の「理論的実践科学」としての経営学探究の原点を見ることが出来る。

二　経営学の哲学的基礎づけ

京都帝国大学教授兼「満州」の建国大学副総長でもある作田荘一の要請により、昭和一五（一九四〇）年四月、建国大学に助教授として赴任した。一七年六月に教授、二〇年八月「満州国」崩壊に伴う建国大学解散により、退職。建国大学は、昭和一三（一九三八）年五月、「満州国」の国是、つまり「民族協和」実現への人材養成を目的として、開校された。山本は、前期三年、後期三年の後期課程の企業経営論を担当するが、第一期生の講義が始まるのは一七年であり、まるまる二年間は研究に専念出来た。西田幾多郎の哲学と公社企業の研究を、また「経営管理論」の充実化に取り組む。『公社企業と現代経営学』が刊行されたのは、昭和一六（一九四一）年である。それは、山本の公式的な最初の著書である。われわれは、ここに、「経営管理論」の構想をさらに発展させ、経営学の対象である「経営」を行為主体的存在として捉えることを前面に出し、山本の持論である「事業経営論」の萌芽をみるのであるが、それは、戦時体制下という異常事態の中のみならず、傀儡「満州国」といわれ、またその中の文系最高学府である建国大学という特異な環境において、執筆されている。それ故に、かかる環境がそれにどのような影響を与えているか、また山本がどのように応答したのかを、知る必要があるかもしれない。しかし、今は出来ない。その前に、そのような環境の中で、山本が従来から取り組んできた経営学的思考をどのように経営学の哲学的基礎づけと基本構想へと結びつけようとしたのかを読み取る必要があろう。

まず、西田哲学の研究である。山本の小樽高商以来の畏友である同僚の石田達と研究会を持つ。それは、三年間継続した。山本は学部時代から西田哲学に触れていたが、「本気で勉強し開眼されたのは」[14]、この研究会であった。「経営学と哲学の関係に関して、誤解されてきた」。山本の口癖である。西田哲学で経営学を語るのではない。山本は言う。[15]「これまでの私の歩みは、まことにパスカルの言の如く、この岸へかの岸へと押し戻されつつ無辺の中間に浮かび果てしもあらず漂い迷い、悩みに悩んだ苦難の歩みであった」。その先に、この研究会があった。決してこの逆ではない。山本には、この想いがある。現実の経営現場への目配りとともに、各国の文献を幅広く、しかも丁寧に検討に付した結果の経営問題に関するさまざまな論点や特徴を体系的に置く「場」の可能性を、山本は西田哲学に見たのである。そして、これまでの「苦難」は「知識の立場」からいまだ自らを解放出来ていないことであると自己分析し、「行為の立場」への転換を自覚的に表明し、その立場から展開されたのが、『経営管理論』（謄写版）や『公社企業と現代経営学』である。

「知識の立場」とは何か。山本は新カント学派をその代表としているが、それは当時、昭和初期（一九二〇年代）ごろ、世界において一般的に受け入れられていた科学的、理論的認識方式や態度を意味する、と言ってよい。それは、意識によって現象的な客観的な経験が構成される、とする認識論である。これに対して、「行為の立場」とは、西田哲学の鍵概念の一つである「行為的主体存在論の立場」の略で、経験や出来事を存在論的観点から問い直そうとする立場である。われわれは、「意識」する前に他者や環境との係わりにおいて、先行した世界にある。西田は、この点を「唯一の実在」としての「純粋経験」という（後の「場」）概念で示している。「経験するというのは事実そのままに知るの意味である。まったく自己の細工を棄てて、事実に従うて知るのである。純粋というのは普通に経験といっているものもその実は何らかの思想を支えているから、毫《ごう》も思慮分別を加えない、真に経験そのままの状態をいうのである[16]」。それは、主客未分化の状態にある。ここから、つまり他者や環境との係わりの中から新たな経験、知が、自己あるいは出来事が生成してくる。「個人あって経験あるのではなく、経験あって個人あるのである[17]」。山本は、この過程を、行為主体的存在の特徴として、「客体と主体の主体的統一」と表現している。また、「客体即主体」、「内在即超越」や「法則性と規範性との統一」の「即」や「統一」を示す概念が、「絶対的矛盾の自己同一」である。

以上のような西田哲学の「行為的主体存在論の立場」によれば、「知識の立場」を超え、かつそれを包摂し、「具体的知」へと転回し得る。『経営管理論』の構想において、予想されていた「経営」ないし「経営存在」が、「事業」・「企業」・「経営」の連関的全体として「具体的知」化される。山本は、かく言う[18]。「事業は企業の経営対象と考えられ、事業は事業としては抽象的一面にすぎない。企業は、事業経営の主体である。企業も企業としては抽象的一面であると、いはねばならない。これに対して、経営は、企業の事業活動である。従つて、経営も経営としては抽象的一面に外ならない。一般に、企業、事業、経営なる言葉はさまざまの意味に用ひられ、或る場合には、企業と事業とが混同せられ、或る場合には、企業と経営、経営と事業とが混同せられる」。「かゝる混同や区別の無視は、上述の如き三者相即の関係、三者一如の関係」の無視である。かかる連関のもとに「かく具体的に理解する立場に於ては」、「吾々が企業といひ、経営といひ、或いは事業という場合、それは単に抽象的な一面を意味するのではなく、寧ろそれぞれの視角から全体を意味するのであつて、たゞ重点の相異というべきである」。とりわけ、この最後の指摘は、重要である。すでに触れた「経営の管理論研究」において、管理の視点から経営全体が語られていたのであり、管理論のなかに経営全体が包摂されていたのである。

三　事業経営論の萌芽としての公社企業論

さて、山本は、かかる視座をこの時期に確立するけれども、それに基づき本格的に自らの経営学構想を展開するのは、戦後の滋賀大学経済学部以降である。この段階では、山本にとって一つの懸案であった「経営学の自律性」の根拠に、一応目途がついたように思われる。山本は、西田哲学への視座を確立すると共に、ほぼ同時進行で、山本にとってはこの段階では一種の「応用問題」と思われる「公社企業研究」に取り組んだのである。建国大学創設の年の秋、建国大学研究院が併設された。かかる研究所に、建国大学副総長作田が主導する公企業研究班が置かれており、山本も赴任後その一員として、「公社企業研究」に従事したのである。「公社」概念は、後の事業経営論や経営成果論の中に位置を占めるものである。それは、「事業の社会性」の認識と関連している。また、それは、普遍的な観点では、事業と企業の即応的な結合関係の問題である。山本は、事業の本来的性質として「事業の社会性」に着目する。「本来性」とは、その性質の内容は歴史的社会的発展段階において異なるが、それは歴史的社会的に形成される、という意味である。「事業の社会性」の視座に立つならば、その歴史的社会的に形成された状況に応じて、その都度「事業の社会性」の具現化に適合的な企業形態（資本結合体）が課題として焦点化される。ここで、留意すべきは、歴史的ダイナミズムの中での事業の「社会性」の範囲あるいは次元と深さである。しかしながら、山本の「公社企業研究」では、戦時体制の中で行われたこともあり、「自由経済体制」から「統制経済体制」へ、さらにそこから「計画経済体制」への転換を「『近代』から『現代』への転換」[19]と捉え、そこから「事業の社会性」の意味が看取されている。山本は、かかる意味での「事業の社会性」に適合的な企業形態として、公社企業の当来性を説く。即ち、「自由経済と統制経済との止揚的統一としての計画経済即ち真の意味での国民経済へ」の転換に即応した、「私企業と公企業との混合ではなく正にその統一としての公社企業[20]」への企業形態の転換は、現代的課題であり、かかる転換への基礎理論を根拠づけることが、「現代経営学」の課題であるとして、『公社企業と現代経営学』を刊行した。

山本は、建国大学への移動は、作田の要請だと言っている。また、学生時代、経営学と経済学の関連と区別への問題意識から、作田の論文にも関心を持っていた。作田は、神道の立場から経済学、経済の道を論じており、また、「公社論」は彼の持論であった。山本が作田の主導する研究院の「公社企業研究班」に加わり、その研究を実践することは、ほぼ自然の流れであったように思われる。今、当時の作田と山本の関係、また両者の思想や理論的思考の重なりとズレ、また山本の建国大学へのスタンスなどに関して、検討する余裕はない[21]。ただ、山本の「経営学の自律性」、さらには「本格的な経営学」の探究にとって、作田の言説は無視し得ない、批判的摂取の対象であったことには間違いない、と指摘することに留めておこう。

しかしながら、山本の戦後の経営学探究を追っていく前に、確認しなければならない点がある。山本のいま一つの口癖は、「経営学は常に現代経営学でなければならない」、である。したがって、「現代は現代の経営学がある」。「私企業と公企業との混合ではなく正にその［止揚的］統一としての公社企業」は普遍的要素をもっているけれども、現在からみるならば、「公社」概念は、「事業の『社会性』の範囲あるいは次元と深さ」に関しては当時の特殊性の影響を免れ得ない。山本の「公社企業」

の当来性は、その根拠である事業の「社会性」の意味がかなり限定的に戦時体制の中の計画経済から意味づけられている。そのことにより、「公社」概念は、その普遍性を主張すべくも、事業の限定的な意味の中にからめ捕られており、その概念が多様な意味を包摂する可能性を狭めているように思われる。かかる問題への応答には、「事業の『社会性』の範囲あるいは次元と深さ」を経営と社会、環境との関係の歴史社会的形成過程のダイナミズムから照らし直す必要があろう。

第四節　山本経営学の確立化へ
――滋賀大学・京都大学時代――

一　「経営学ブーム」と「経営学不信」への応答

山本の学者、研究者としての戦後復帰は、昭和二四（一九四九）年五月の彦根経済専門学校から始まるが、同年五月三一日に滋賀大学経済学部が設置され、それに伴い六月教授として赴任した。翌年四月より、経営学総論の講義を始める。昭和二九（一九五四）年一一月に刊行した『経営管理論』（有斐閣）によって、三一年六月、京都大学より経済学博士を授与される。その前年、『フェイヨル管理論研究』（有斐閣）が刊行される。そして、山本の主著と言ってよい『経営学本質論』が刊行されるのは、三六（一九六一）年である。

京都大学経済学部に経営学科が認可されたのは、三四（一九五九）年四月である。それに伴い、講師として経営管理論を担当する。そして、三七年一〇月、経営学科に「経営学原理」講座が増設され、担当教授として、母校に帰る。三九年、『経営学本質論』が前提としていた、あるいは予想していた経営学そのものの内容の体系化を図った書、『経営学要論』が、また四二（一九六七）年に『経営学の基礎理論』が刊行された。さらに、京都大学時代のメモリアルな仕事としては、四〇年末から二年強にわたる、田杉競の研究室と山本研究室との協働で行われたバーナード（C. I. Barnard）の *The Functions of the Executive*（1938）の訳、『新訳　経営者の役割』（ダイヤモンド社、一九六八年）を忘れるわけにはいかない。山本は、この仕事を終え、後は出版を待つばかりの四三年三月、京都大学を定年退職する。

吉田修は、「『彦根論叢』三〇〇号に見る経営学研究の系譜」で、創刊号から一〇〇号（昭和二四（一九四九）年から昭和三八（一九六三）年までを「科学としての経営学の理論と方法の確立の段階」として特徴づけ、滋賀大学経済学部におけるその経営学研究の系譜が山本の研究を中心として形成されている、と指摘する。[22] そして、吉田は、創刊号から九六号まで山本が寄稿した書評や学会報告を含む論稿二五編を分析し、山本の研究内容を極めて的確に以下の三つに分類している。（一）経営学の本質、その対象と科学的方法に関する問題の研究、（二）バーナード理論を中心とする組織理論の発展に関する研究、（三）経営学の「本格化」に対するドイツ経営学の批判的摂取に関する研究。

そして、その中で（一）に関する論稿がほぼ半数であることから、「この問題に対して、山本がいかに精力的に取り組んでいたかが分かる」とし、さらに「山本経営学の科学的方法論の確立は、その意味で、まさに『彦根論叢』を舞台として行われた」と吉田は、言う。同感である。この三点は、滋賀大学と京都大学において共通する山本の研究課題であったのである。

『経営学本質論』は、(一)と(三)の成果である。その刊行は、日本が設備投資型の第一期高度成長の時期であり、特に三〇年代の前半、次々と石油コンビナートが作られ、日本で初めて石油化学工業が始まった頃であった。また、それを背景に坂本籐良の『経営学入門』(光文社、一九五八年)が切っ掛けとなり、最初の「経営学ブーム」が起こっている時でもあった。山本は、このような時こそ「経営学とは何か」と問う必要性があるとの想いで、本書を公にした。

『経営学の基礎理論』は、京都大学時代の(一)に関する新たな成果を含む(二)と(三)の成果であろう。本書の性格は、山本が「序」で述べた言葉が、よくそれを表している。[23]「『経営学ブーム』に対して拙著『経営学本質論』をもってプロテストした著者は、『経営学への不信』に対しては、プラトンが『ソクラテスの弁明』をした故事にならい、本書『経営学の基礎理論』によって『経営学の弁明』を試みたいと思う。もちろん弁明のための弁明は無意味であろう。『経営学』をその基礎から闡明ならしめることこそ無言の弁明である」。誠に、山本らしい、「不撓不屈の精神」がここに表れている。この根底にあるのは「経営学は役に立つから真理なのではなく、真理だから役に立つのである[24]」、という想いである。それを示すために、本書で、今一度、新しい世界の研究動向を含めた「経営学本質論」の要約と、「経営学論」ないし『経営学要論』の経営構造論からの要約、そしてそれを背景に経営構造の中心をなす経営組織問題を論じたのである。当時、高度経済成長も、あらゆるものの大規模化を目指す性向の故に、さまざまな問題点が露呈してきた時期であり、組織を巡る問題が浮上しており、また学界もアメリカ、ドイツを問わず、組織論的研究が大きなうねりとなりつつあった。そこで、ル・クートル（Le Coutre）、グーテンベルク（E. Gutenberg）、レスリスバーガーとディクソン（F. J. Roethlisberger and W. J. Dickson）、バーナード、サイモン（H. A. Simon）、ハックス（K. Hax）等の組織論を取り上げ、批判的に摂取し、経営学的組織論として展開したのである。この『経営学の基礎理論』は、山本がかねてから構想していた『経営組織論』をイメージしたものである。山本は、この時期、刊行したかったのは、おそらく『経営組織論』であったと推察する。しかし、山本も告白しているように、組織論の発展は目を奪われる如く急激であるため、文献の検討が追いつかないため、その機会をなかなか掴めなかったのである。

『経営学要論』は、『経営学本質論』と同様に「経営学ブーム」に警告を与えると共に、その後の「経営学不信」を予想し、真の経営学の必要性を提起したものである。それは、これまでの研究に加え、(二)と(三)の成果によって、『経営学本質論』が前提としていた、あるいは予想していた経営学そのものの内容の体系化を図ったものである。山本は、これまで、自身が構想する「本格的な経営学」の構図を描いていた。それは、経営学本質論、経営学論（経営構造・過程論）、経営学的組織論、経営学的管理論、そして経営が歴史社会的な自己形成活動であるが故の、「経営の目的と成果」を問題にする経営学的成果論である。『要論』では、序論として「経営学の意義と課題の反省」（経営学本質論の概要）、本論として「経営の構造分析的研究」、「経営の過程分析的研究」（以上、経営学論に対応し、経営学の基礎部分）、そして「経営管理の研究」（経営学的管理論の概要）、「経営組織の研究」（経営学的組織論の概要）へと進み――この順序は説明上の便宜であり、論理的には逆転する――、結論として「経営目的と経営成果の研究」（経営学的成果論の概要）が展開されている。

山本は、バーナード理論を「経営の三層構造論」（協働体系論、組織論、管理論）と名付け、自己の構想する経営学と軌を一にすると高く評価している。「経営の三層構造論」は、『要論』の本論、つまり経営学論（経営構造・過程論）、経営学的組織論、経営学的管理論を意味している。それは、狭義の経営学と言ってよい。最狭義の経営学は、組織論と管理論の基盤となる経営学論（経営構造・過程論）ということになろう。山本の思考方法によれば、経営学本質論の結論が経営学論の序論として位置付け得るが故に、この最狭義の経営学は、経営学の概念構成問題と経営の構造・過程分析問題からなる。

二　概念構成の存在論的転回

山本の経営学の体系化への探究は、学説の比較研究、そして研究の歴史的動向と研究対象の歴史的研究である。これらは、すべて「異なるものの比較研究」である。学説の比較研究は国別、つまりドイツ、フランス、イギリス、アメリカ、日本等、また対象・方法別、つまり「経済学説」、「管理学説」、「組織学説」、「経営学説」、さらに「経営学の自律性」に関する「否定説」と「肯定説」の比較まで及ぶ。山本は、かかる比較の批判的吟味を通して、「経営学の自律性」の根拠の探究とそれに基礎づけられた「本格的な経営学」の探究を意図したのである。

以上のような比較研究は、ただ単に比較するのみでは、意味がない。その比較を有効なものにするには、一定の「立場」、「論理」が必要である。山本は、そこで、すでに触れているが、「意識の立場」――かつては「知識の立場」、現在の表現が好ましい――と「行為の立場」ないし「主体の論理」を対比し、立場の転換を主張する。前者では、われわれが捉えたいと思う「対象」が十全に把握し得ない。経営学は、「経営の学」であるとするならば、その「経営」は、われわれ人間と同様に、歴史的社会的な過程の中で「生きる」実践的な行為、活動の何らかのものであろう。かかるダイナミズムを伴った過程から事実や知が生成してくることに、注意を向けなければならない。知識や事実は、認識主体の意識から構成されるものばかりではない。また、かかる過程、あるいは行為の性質に注目する必要がある。そこでは、異なるものの交互作用のなかで新たな要素が付加され、しかも自己を保持しながら、新たなものとしての生成がある。われわれは、また、「経営」は、環境から作られながらも自らを作る存在、つまり過程あるいは場における自己創造的被造物である。主体は、主観的な存在ではなく、客体（環境）を媒介に主体、つまり自己が自己になるのである。かかる自己は、「我」ではなくそれを超えた存在（自己超越的存在）である。山本は、かかる性質をもった歴史社会的自己形成活動として、経営を見るのである。そのような立場を、西田哲学のターミノロジーを用い、「行為主体的存在論の立場」、その略として「行為の立場」、「主体の論理」と言う。かかる特徴を持つ過程や行為の性質の論理的構造を西田は、「絶対矛盾の自己同一性」、「弁証法論理」と言う。(25)

山本は、かかる「行為の立場」、「主体の論理」において、「経営」を捉えることを、即ち「経営の立場」を「経営学の立場」とし、「主体の論理」に即して、概念構成することの必要性を訴える。それは、経営学の対象を知が生成してくる原初的な場としての経営存在に定位し、その論理構造である「絶対矛盾の自己同一性」、「弁証法論理」を具体化するように概念構成することを意味している。そのような概念構成が、事業（社会や人々のニーズに応答し得る仕事、つまり財・サービスの生産提供のシステム）と、企業（事業を具体化する経済的基盤としての資本の結合体）、の経営（事業と企業を結合する行為的主体的統一の働き）を媒介とした矛盾的自己同一、あるいは歴史的社会的自己形成、弁証法的世界としての経営存在である。それは、「概念構成の存在論的転回」と言い表す事が出来るように思う。しかしながら、この概念構成は、形式的になされたのではなく――だから存在論的なのであるが――、前述した山本の理論的、歴史的な比較研究からもたらされたのであることを、再度強調しておきたい。かかる概念構成は、比較研究から得られた種々の異なる特徴の経営存在に占める位置の明確化に寄与する。

三　経営存在と構造・過程分析論

さて、山本が言う「経営存在」は、「事業を企業が経営する歴史的社会的過程的存在」の略として、捉えてよい。事業は、経営や企業の対象であり、「客体」であるが、経営や企業の基盤でもある。さらに、企業は、事業の「主体」である。また、経営も事業の「主体」である。企業と経営の関係は、歴史的にみるならば、企業と経営の未分化（所有と経営の未分化）から企業と経営の分化（所有と経営の分離から経営の自立化）へと変化している。それは、企業の意思主体化と経営の行為主体化の現象である。これは、所有権と経営権とのバランスの問題や事業を経営する上での主導権問題として、事業を経営することに対して影響を与えることになる。いずれにせよ、かかる三者間の関係連関から経営存在あるいは経営体のあり方が決定される。

経営存在は、これらの関係において緊張関係を持ちながらも、一つの行為システムとして全体的存在である。山本は、バーナードの協働システムをこの経営存在と同値と捉える。そして、かかる経営存在は、歴史的社会的自己形成としての通時的（過去から未来への）過程と共時的（過去と未来との結合である現在という）過程の二重の過程の中にある。今ここで、後者の過程に限定するならば、そこに一定の構造と過程を考えることが出来る。山本は、経営存在を構造的、過程的に分析することを「経営学的経営分析」と指摘する。その分析は、同時に、最狭義の経営学、経営学論の体系化の契機となる。かかる分析は、経営存在、ここでは経営構造―と言って差支えがない―と経営過程について客体面と主体面からなされる。山本が指摘するように、構造には「規模の問題」、過程には「操業の問題」が対応する。これらの分析の内容は、それぞれ「経営構造・過程論」、「経営組織論」、「経営管理論」を、そして経営存在の特質である歴史的社会的自己形成活動に着目するならば、目的と成果が分析対象とならざるを得ないが故に、「経営成果論」を構成することになる。

経営存在の構造分析は事業構造（形態）分析、企業構造（企業形態）分析、経営構造（形態）分析

図表4-1　経営存在，経営構造・過程概念図

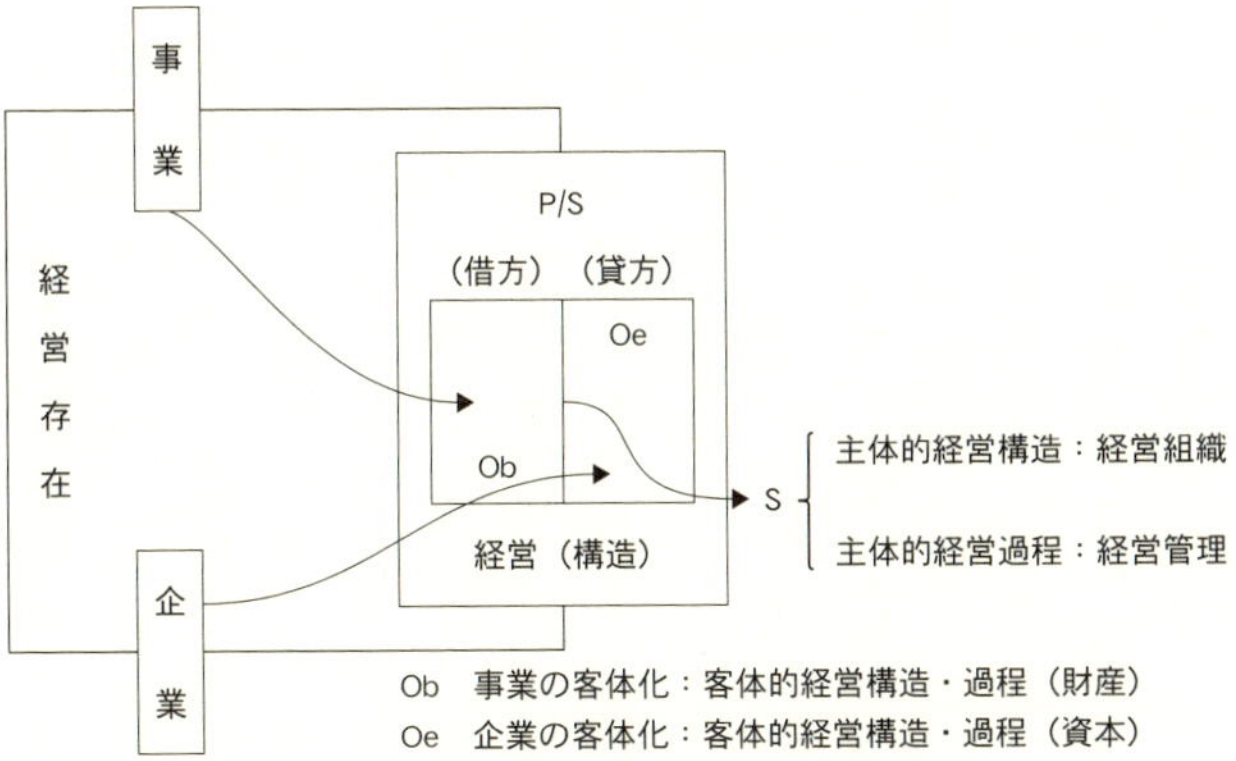

からなる。最後の経営構造は組織的な働きの構造であるがゆえに、その中心に経営組織が位置づけられ、さらにそれは「人間の組織」と「仕事の組織」から構成されている。したがって、かかる経営構造分析は両者とそれらの相互関係分析となろう。それは、統一作用としての主体的経営構造の分析である。かかる構造の分析は、客体的構造分析も必要とする。「事業と企業を経営が統一する」ということは、資本を調達し、それを運用することであり、その活動は必然的に物的な構造を作りだし、またその構造によって影響を受ける。かかる構造は、かかる物的構造と言われ、通常、貸借対照表の借方（内部化された事業構造：財産）と貸方（内部化された企業構造：資本）で表わされている（図表4―1参照）。

　他方で、経営存在の経営過程分析がある。「事業と企業を経営が統一する」視点から見れば、先ほどの財産と資本は内部的に構造化されている。したがって、事業過程（モノの流れ）と企業過程（カネの流れ）は経営過程に内在化さ

れる。この働きがなければ、事業を経営することは出来ない。したがって、経営過程は経営管理の対象となり、主体的な経営構造としての経営組織との相互連関の下に動かされる。この動かされる、あるいは経営管理を制約する経営過程は「価値の流れ」となる。山本は、この客体的な経営過程とそれに対応する客体的な経営構造（物的、量的構造）の分析は、ドイツ経営経済が対象とした領域であり、経営の主体的構造と主体的過程分析がアメリカ管理学の対象領域であったと、考えている。山本は、メタフェアーとして、貸借対照表の左右をドイツ経営経済学が、それらを分かち、結合している「線」をアメリカ管理論が取り扱った領域である、と説明する。

経営存在を通時的な過程の中で分析することも、重要なことである。これは、事業、企業、経営の緊張感をもった関係構造の変化を対象とするものである。「企業の主体性」と「経営の主体性」間の関係変化の問題、またそれらと事業の関係構造の変動、これらの如何が主体的経営構造である経営形態のありようを左右し、経営存在のあり方を決定づける。「事業」は、社会や人々の生活ニーズに応答することによって、意味をもつ。「事業の社会性」と言われる所以である。他方、「企業」—ここでは私企業に限定—は、基本的には私的利益を目的とした、投資家による資本結合体である。「企業の主体性」と「経営の主体性」間の関係変化の問題、またそれらと事業の関係構造の変動、これらの如何が主体的経営構造である経営形態のありようを左右し、経営存在のあり方を決定づける。山本は、まず、二種類の経営存在のあり方、つまり企業経営と事業経営を明確に区別する。そして、経営存在とはかかる二種類の統一的存在である他はない、と明言する。企業経営とは「企業の主体性」が優位の結合関係、つまり企業の「私益性」（利潤性）のために事業が手段として経営される経営存在を、事業経営とは事業の社会性を重視し、その実現に向けて種々の関係者、ステイクホルダーとの協働を効果的に引き出すように「経営の主体性」を志向する経営存在を意味する。問題は、かかる間のバランスである。通時的な過程においてかかるバランスのダイナミズムを概念化すれば、「企業経営から事業経営への転換」ということになる。それは、共時的な過程における「企業経営」と「事業経営」との結合割合が前者よりも後者が漸進的に増大する結果である。「企業経営から事業経営への転換」は、山本経営学の独創性を象徴する表現である。山本にあっては、『経営学的成果論』はこの文脈から構想されている。

第五節　山本経営学の射程と課題

一　山本経営学の射程

山本は、京都大学を定年後、昭和四三（一九六八）年四月、名古屋市立大学経済学部に教授として転籍し、その後四八年南山大学経営学部教授、五二年亜細亜大学経営学部教授を歴任し、さらに晩年まで呉女子短期大学に奉職。名古屋時代からは、山本にとって、経営学探究のまとめ、回顧の時代と言ってよいのだが、それと同時に十数名の研究者と共同で『経営学原論』（加藤勝康との共編著、文眞堂、一九八二年）、『経営発展論』（加藤勝康との共編著、文眞堂、一九九七年）に取り組んでいる。山本にとって、本格的な経営学の探究は、常に課題性の下にあったのである。平成六（一九九四）年一二月一四日、九〇歳の生涯を終える。

山本経営学は、経営存在を共時的な過程と通時的な過程の双方において論理的に把握し得る可能性をもった経営学体系であるように思う。具体的な、現実問題に対しても、何が問題なのかを識別する機能を持ち合わせている。事業、企業、そして経営の区別と関連の枠組みは、それに有効性を発揮し得るであろう。(26) また、それは、会計学的な経営分析にも重なり合うことも現実性を持っている。さらに、経営学の多様な研究にもその位置や意義を付与する可能性、つまり研究上のマップの役割を持つことにも期待し得るであろう。最後に、近年のＣＳＲおよびSocial Enterpriseにも、入念な配慮を持ってすれば、理論的根拠を提供することも可能である。

二　山本経営学への批判と課題

山本に対して、これまで多くの批判が寄せられている。ここでは、三点取り上げたい。第一点は、「主体の論理」、「経営の立場」についてである。第二点は、「ドイツ経営経済学とアメリカ管理学の統一」、第三点目は「公社概念」への批判である。

第一点は、古くは、池内信行、比較的近年では片岡信之の疑問も、共通しているように思われる。(27) 前者は、要約すれば、「主体の論理」にはそれ自体内容がない、というものである。また、片岡は、「経営学の立場」と「経営の立場」が何故いつも結びつかなければならないのか、と問う。おそらくこれらの疑問、批判は裏表の関係にあるように思われる。池内に対しては、「行為の根本的特性」について強調しなければならないが、一応肯定することは出来る。しかし、だからこそ、「経営（主体）の立場」が「経営学の立場」になり得るし、そうしなければならないのだ、と片岡に答えざるを得ない。この点は、本章の「概念構成の存在論的転回」において、山本が言いたかった点を述べているので、参考願いたい。

第二点は、多くの人がおそらく現実味を覚えないのではなかろうか。しかし、現在の視点のみで、それを無意味化するのはいかがか。山本の真意は、以下の論点にあったように思う。「行為の立場」に立ち現実の場ないし存在の場に戻して見るならば、ドイツ経営経済学とアメリカ管理学の相違は経営という働きや構造の別の側面、そして相互補完的な性質として捉えることが出来る。逆に、それらの特徴は「意識の立場」からそれぞれ異なった側面を存在の場から引き出され、別に発展してきたのではないか。とするならば、「行為の立場」からの営為はドイツやアメリカ、そして他の国に通底している、より広くより深い根底を見出すこと、と言ってよい。また、そのことを通し、逆に両者のそれぞれの学説に新しい光を当てる可能性が拓かれよう。

第三の点は、「公社概念」である。裴富吉は、『公社企業と現代経営学』を丹念に読み、「山本の、この『国家の立場』『行為的主体存在論の立場』に立つ現代経営学は、作田荘一の国家観・世界観に負うものであり」、「国家主義的・全体主義的イデオロギーに立脚していた」、と問題提起する。(28) 確かに、山本は、当時の環境の中で、「現代経営学」と「公社経営論」の結び付きを断定的に論じていることは、筆者も否定しない。しかし、いま、この件に関して論評する余裕はない。すでに述べたことであるが、以下のことを課題として提起するに留めたい。「公社」概念は、その普遍性を主張すべくも、事業の限定的な意味の中にからめ捕られており、その概念が多様な意味を包摂する可能性を狭めているように思われる。かかる問題への応答には、「事業の『社会性』の範囲あるいは次元と深さ」を経営と社会、環境の関係の歴史社会的形成過程のダイナミズムから照らし直す必要があろう。それは、山本の「事業経営論」を深みのある形で受け継いでいくためにも、必要であろう。

第六節　おわりに

第一の批判点に関しては、逆の説明も可能であろう。即ち、池内の「論理は形であり、それ自体には意味がない」に対しては否定し、片岡の「常に経営の立場が経営学の立場にならなければならないのか」には「常に連結するわけではない」と肯定する場合である。むしろこちらの方が、重要かもしれない。それは、「論理と思想の関係」の問題である。「論理に思想が含まれるか否か」の問題である。池内説を否定することは、端的に言って、論理と思想の関係を肯定的に評価する立場である。とするならば、その場合、当然片岡の「疑問」は正当性をもつことになる。それは、経営の立場と経営学の立場の連結は、その都度その「正当性」、「妥当性」を批判的に判断せざるを得ない。従って、片岡の「疑問」に含まれているように、二つの立場の連結は条件性を帯びることになる。

しかし、山本や西田の「主体の論理」は、「現実の『場』は、異質な、従って緊張関係をもった二つ［この場合は他者と自己、あるいは客体と主体］の織りなす世界」という世界観を体現したものである。この点について、結論的に言えば、それはレスポンシビリティ（responsibility）、「応答可能性」の基本的特性を言い表したものである。それは、「主体」にとっての性質である「自己同一性」、「脆弱性」、「補完性」を内包している。かかる性質の下に、われわれは、「自己の応答可能性を拓く」ことによって、生きているのである。その際、注意すべきは、常に自己を他者に拓くことが出来ているかどうか、を吟味することであろう。従って、「主体の論理」は、かかる「批判」を原理的に内包、内在化する必要がある。山本は、この点が前提となっているが故に、「経営の立場」と「経営学の立場」の連結を主張するのである。ここでの「経営の立場」は、実際の個々の会社ないし組織の立場ではない、ことに注意を要する。

いずれにせよ、片岡の「疑問」は、「批判の内在化」を原理的な次元のみで捉えておいてよいのか、と読み直すことが出来る。実は、われわれが注目しなければならない点は、そこにある。経営の、あるいは経営学の実践者は、いずれも「内在化された批判的原理」の実効性に対する判定者でなければならない。山本経営学を継承するということは、かかる内在的批判、つまり「行為の立場」に立った批判の漸新的継続性を自らの課題にするということであろう。その意味で、裴の批判は、内在的ではないが、われわれの課題への挑戦を促しているように思われる。山本は、かかる視点を研究も、実践も「常に課題性の下にある」と捉え、その意味を「本格的経営学の探究」に託したように思われる。

（谷口　照三）

注

（1）山本の個人的歴史等は、本章全般にわたって、主として、以下の文献によっている。山本安次郎「七十八年の歩み―山本安次郎年譜―」、経営学理論研究会編『山本安次郎先生喜寿記念論文集　めぐりあい』文眞堂、一九八二年。山本安次郎『日本経営学五十年―回顧と展望―』東洋経済新報社、一九七七年。
（2）経営学理論研究会編、前掲書、六二一―六二三頁。
（3）同上書、一七二頁。
（4）同上書、六二一頁。
（5）同上書、一八〇頁。
（6）山本、前掲書、二〇八頁。
（7）同上。
（8）出口勇蔵「献辞」『経済論叢　山本安次郎教授退官記念號』（京都大学）第一〇〇巻第五号、一九六七年一一月。
（9）山本安次郎「マルクシズムとわが国の経営学の自律性の問題をめぐって」『国民経済雑誌』（神戸大学経済経営学会）第一一四巻第二号、一九六六年八月。
（10）同上。
（11）同上。
（12）山本安次郎『経営管理論』有斐閣、一九五四年、序、四頁。漢字のみ新字体で引用。以下同様。
（13）同上書、序、二頁。
（14）山本安次郎「経営学と西田哲学」『彦根論叢』第一六四・一六五号合併号、一九七三年一一月。

(15) 山本安次郎『公社企業と現代経営学』建国大学研究院、一九四一年、はしがき、三頁。漢字のみ新字体で引用。以下同様。
(16) 大橋良介編『西田哲学選集　第一巻』燈影舎、一九九八年、九七頁。
(17) 同上書、八〇頁。
(18) 山本『公社企業と現代経営学』、一一二頁。
(19) 同上書、序、一頁。
(20) 同上書、一三八頁。
(21) 建国大学と研究院については、以下の文献が参考になる。宮沢恵理子『建国大学と民族協和』風間書房、一九九七年。山根幸夫『建国大学の研究―日本帝国主義の一断面―』汲古書院、二〇〇三年。
(22) 吉田修「『彦根論叢』300号に見る経営学研究の系譜」『彦根論叢（第三〇〇号発刊記念）』第三〇一号、一九九六年五月。
(23) 山本安次郎『経営学の基礎理論』ミネルヴァ書房、一九六七年、序、七頁。
(24) 同上。
(25) 大橋良介編『西田哲学選集　第四巻』、参照。
(26) 例えば、加藤勝康「山本安次郎博士の『本格的経営学』の主張をめぐって」経営学史学会編『日本の経営学を築いた人びと（第三輯）』文眞堂、一九九六年、参照。
(27) 池内信行『現代経営理論の反省』森山書店、一九五八年、一五四頁。片岡信之「山本安次郎―『本格的な経営学』の構想―」小林喜樂編『日本経営学史第二巻―人と学説―』千倉書房、一九九七年、一一八―一一九頁。
(28) 裴富吉『歴史のなかの経営学―日本の経営学者：時代精神と学問思想―』白桃書房、二〇〇〇年、九三頁。

第四章　山城　章

――主体的な企業観・実践経営学の確立者――

第一節　はじめに

山城章（一九〇八―一九九三）は、企業は体制発展により自主性を高めていき、在り方としての「経営自主体」を目指していくとする「企業体制発展の原理」を提唱したことで知られる。また「KAEの方法」に基づいた「実践経営学」を唱え、それは山城経営学として実務界にもファンが多い[1]。実践経営能力を向上させることが経営学であり、経営能力を向上させるための経営教育の普及に務めた。そのために山城は自ら山城経営研究所を設立したり、一九七九年には日本経営教育学会（現・日本マネジメント学会）を創立・展開したほどである。「経営教育」の解釈は諸説分かれるところであるが、山城は経営学者が陥りがちな知識偏重、実務者が陥りがちな経験偏重のどちらか一方にも傾かず、知識・経験を共に必要なものとして実際の経営能力に両者を反映（或いは統合）させる方法で、経営実践能力を向上させていくことを経営教育と位置づけた。即ち経営学者側と実際の経営者側の方法論を統合して一つの経営学を確立した意義は大きいといえよう。

山城は鳥取県日野郡阿毘縁村（現・日南町阿毘縁）の出身で、松江商業学校（旧制）、高松高等商業学校（旧制）を経て、東京商科大学（現・一橋大学）にて学んでいる。東京商科大学においては戦前における経営学の大家増地庸治郎に師事している。奇しくも増地門下生には古川栄一、藻利重隆といった名立たる経営学者が名を連ねており、また戦後は一橋大学において彼らと切磋琢磨し続けてきたことで山城は自らの経営学確立への意欲を掻き立て続けてきたことは想像に難くない。他方で山城は山本安次郎とも影響し合ったことを示唆する文を残している(2)。改めて、昭和の日本経営学界にはいわゆる巨匠達がひしめき合い、そして彼らが経営学を盛り立て合ったからこそ日本経営学の現在がある──そのことを本章では、その主人公の一人山城章に焦点を当てることで、少しでも明らかに出来れば幸いである。

第二節　企業体制発展の原理

一　研究初期──『経営費用論』における経営範疇分類──

山城はその学究生活の初期において、企業活動においてかかる費用はどの様に決定され続けるべきかを究明する、経営費用論を研究の中心としていた。実際に同時期の代表作『経営費用論』（一九三六年）にあっては、その当時経営学界で主流的見解であったシュマーレンバッハをはじめとしたドイツ

経営経済学の諸学者の学説を検討しながら、その大半が経営費用はいかに決められていくのかという内容に割かれている。(3)

そのような中、『経営費用論』にあって、後の「企業体制発展の原理」の萌芽となると思しき箇所がみられることは特筆できよう。無論「企業体制発展の原理」は未確立の段階であるため、明確に原型が現れているわけではない。しかし企業の経営は一様ではなく、幾らか範疇の違いがあるとこの時点ですでに指摘している点で、山城経営学上エポックメイキングな出来事といえよう。

即ち山城は経営を以下の四つの範疇に分類している。(4)

①比例経営：一般的な手工業的小規模経営。

②固定経営：需要変動にかかわらず、常に一定の費用でもって経営。私経営には不向き。

③逓増経営：農業経営が典型。生産要素が土地の時、収穫逓減＝費用逓増となる。

④逓減経営：①〜③以外の範疇のもので、現代経済に典型的な経営。製品規格を統一・単純化の上大量生産を行う。

この時点では生業・家業↓人的企業↓資本的企業↓現代的企業（経営自主体）へと発展するとする「企業体制発展の原理」は形にはなっていない。しかし企業がおかれている状況や規模の大小によって、経営の仕方は異なるという視点がここですでにみられる。ここではいわゆる現代的な企業を「逓減経営」と位置づけているが、山城はこの後企業の発展によって体制も変わっていき、最終的には「経営自主体」を目指す現代的企業へと体制発展を遂げるという説を唱えることとなる。『経営費用論』における経営範疇分類は、のちの「企業体制発展の原理」につながる原点的な問題提起と位置づけられよう。

二　企業体制発展の原理──誕生の背景──

『経営費用論』が世に発表されて以降、当時の大日本帝国は戦時体制に突入し、国内の企業生産活動も継戦能力維持のために総動員されたことは周知の通りである。結果的には敗戦という形で戦時体制は破綻を迎えることとなった。かくして日本はアメリカを中心とした連合国による占領体制を経験する時代を迎える。その時代は国内生産体制が著しく混乱・減退していたことはいうまでもない。

そのような戦後直後にあって、山城は『企業体制の発展理論』（一九四七年）を発表している。この著書にあって、山城経営学の柱の一つ「企業体制発展の原理」の原型がみられるようになった。「企業体制発展の原理」については後ほど詳述するとして、ここでは同原理に至った背景に注目する。

『企業体制の発展理論』の最初の箇所にあっては、時代を反映してのことであろう、いかに国家が企業を統制してきたかという点とそのことへの反省についての記述がみられる。即ち営利的私企業の自由活動を国家体制は許さず、さりとて国家自ら企業経営を行うわけではなかった。また官は企業全体を統制対象としたことに対し、当時の軍は経営組織を無視して工場への直接統制（＝生産力向上指示）を強化するといった具合に、国家統制そのものも統一性がなかった。かくして統制対象となった企業はその自主性が損なわれ、生産性の低下すら招く結果となった(5)。そして戦争末期には企業の所有する工場そのものが空襲によってことごとく破壊されていった。

「企業体制発展の原理」は後述のように、企業は最終的には「主体的な生活持続体」たる「経営自主体」を目指すという趣旨で論じられているが、企業はあくまで主体的に活動する存在であるとする「経営自主体」の考え方成立の背景には、戦時中の日本企業が国家の都合に振り回され、国家体制に歪に組み込まれた結果破滅を迎えてしまった、という苦い経験を直前に受けてきたという歴史的背景がある点はやはり無視できないであろう。実際新たな時代の企業は国家の統制を受けず自主的に活動して発展していくべき存在であり、その発展が結果的に日本経済再生につながるという趣旨も述べられている。(6)

三　企業体制発展の原理―初期段階―

さて『企業体制の発展理論』にあっては、「資本と経営の分離」という概念が論じられる。この概念はバーリ（A. A. Berle）＝ミーンズ（G. C. Means）の「所有と支配の分離」のことであり、ここでいうところの「資本」とは資本出資者（筆者注：いわゆる大株主＝資本家のこと）を指す。即ち資本出資者は経営に提供した自己資本の保全・増殖を目的として自ら企業を経営＝支配するが、企業規模拡大によって資本保全・増殖のためには自ら経営を手掛けない方が望ましいケースが出てくる。実際に企業自体、作業機能―管理機能―経営機能の階層的包摂関係が成立していき、仕事の増加により下位の仕事を次々と従業員に委譲していく。もとより一般株主は大半が支配そのものに関心を持たない。やがて経営の仕事そのものを専門とする専門的経営者が経営を担うようになり、企業経営は経営者支配型に移行する。(7)この段階ではバーリ＝ミーンズいうところの「経営者支配」の概念をそのまま踏襲している。

『企業体制の発展理論』で特筆すべきもう一つの点は、企業体制の発展段階がここですでに示されていることである。即ち家業と企業の区別がなく、生産と家計が未分離な一人経営（Oneman business）からスタートする。やがて競争や規模拡大によって、家業から離れて事業として取り組み支配・管理・作業全般に有能な所有的経営者（資本出資者）に率いられて成立する企業が登場するが、このような事業は所有者経営（Owner management）という第一段発展形態である。所有的経営者は企業のあらゆる分野に何らかの形で直接関わる。さらに企業の発展・複雑化により、資本出資者が多数となりうち一部の者に事業の一部を委譲する資本家的経営（capitalistic management）もしくは資本出資者ではない有能な経営担当者に事業の一部を委譲する雇傭経営（Employment management）という第二段発展形態となる。資本家的経営も雇傭経営も資本出資者の利益に基づくため、資本と経営は未分離のままである。しかしさらに企業が巨大化するにつれて、対外的にも内部的にも複雑化がさらに進行すると、第二段形態のままでは済まなくなる。ここまで企業が複雑になると、資本出資者であることの有無よりもいかに経営の能力が高いかの方が最大の条件に変わる。遂には有能な経営者に経営を委任する方が出資者にとってもより有利という結論になり、ここに経営を専門の仕事とする専門経営者に経営を委ねる専門的経営（Expert management）という第三段発展形態となる。そして専門経営者は企業経営自体の維持とこの合理的発展を直接目的とし、企業はもはや資本出資者のみならず企業に関わりのある全てのものの利益を約束する社会の公器となる。そして専門経営者の活動は真に自主的であり、専門的経営体こそ真の経営自主体である。[8]

以上、「企業体制発展の原理」の原型が『企業体制の発展理論』ですでに出来上がっていることが示された。最終的な原理と比べれば一部名称が異なるものの、一人経営→所有者経営→資本家的経営（もしくは雇傭経営）→専門的経営という体制発展形態は、のちに示される生業・家業→人的企業→資本的企業→現代的企業（経営自主体）という体制発展の図式にそれぞれの順番で相当する。

また山城は同書において、経営者を「生産に機能する全労働者が即ち経営者である」と位置づけている点は特筆される。資本家による支配が分離されることで、後に残る企業構成員はすべて同質者であり対立・抗争すべき立場にはなく、一体的運営・民主的平等の自主活動こそ新生企業の在り方であるとも述べている。[9] かなり理想主義的なようにも思えるが、同書が出版された終戦直後は労働界等に共産主義が浸透して労使対立が激化しつつあった時期でもあり、山城としても日本企業の行く末を案じていたと考えられよう。また「全労働者が経営者」という考え方は、後の山城理論で現れる機能主義的な観点の萌芽として位置づけられるのではないか。

四　企業体制発展の原理―確立期―

山城はその後『企業体制』（一九五〇年）を出版するが、「企業体制発展の原理」は同著において早くも一定の完成をみることとなった。即ち、「企業以前」（家業・生業）→人的（私）企業→資本的（私）企業→現代的（私）企業の順に体制発展するという位置づけが同書において確立されたのである。[10]

山城は同書において、一九世紀的営利私企業の範疇に属する以前の事業体を「企業以前」と位置づけ、さらに企業と企業以前の区分を「家計と企業の分離」の有無に求めた。「企業以前」においては生活のために業務を行う性格が強い。但し当時の日本中小企業はその多くがこの「企業以前」に属するものであるとしている。次の人的企業はその主体が資本出資者となり、家計と企業が分離した状態であるが、資本出資者の人的な性格・活動が企業そのものやその事業全体に反映される。ただ資本と現場の労働の分離がこの段階で始まる。他方で外的には自由市場における自由競争を繰り広げるとする。さらに企業規模拡張に伴い大量の資本導入が必要となり、企業の資本出資者数が増加することで資本的企業の体制に移行していく。この段階では「資本と管理の分離」が起こることを特徴とする。経営者は最高経営の仕事に専念することとなる。やがて資本の高度分散化や経営機能の多岐複雑化・困難化により経営の仕事が資本出資者から専門経営者に移ることで、現代的企業の体制に移行するとする。[11]同著においては体制の区分を仕事の委譲・分離によっていることが伺える。

山城は『企業体制』において、現代的企業の本来の在り方である「経営自主体」の考察にも力点をおいている。それは経営自主体が現実の企業のうちにみられる発展動向と解するからとする。「現実はいまだ自主体制を有しないとしても自主体制を本質的在り方として、いまだ未発展な現実を解釈するならば、現実が発展上どの段階にあり、他との比較、本質的在り方との対照によって自己の地位を知り、向うべき方向を知り、自己の未成熟をさとることができる」。経営自主体にあっては従来支配者の資本は外部のインタレスト・グループ（Interest group 筆者注：いわゆる利害関係者 stakeholder のこと）として利害的干渉を試みるが、それ以外にも政治・労働運動・公衆・同業者等の利害的干渉がみられる。かかるインタレスト・グループとの関係の姿を対境関係と呼ぶ。そして経営自主体は①自主的なる生産の組織的活動体である、②経営自主体は生産を自己目的として合理的・組織的な持続活動を営む、③経営自主体は生産的な職能を運行するための組織体である、④経営は各人が経営の部分的な機能を主体的に分任し組織的活動として現れる人的な主体的組織である、⑤経営自主体は対境関係を結ぶ資本や社会公衆のために生産する責任自治体である、⑥経営自主体は自ら生存を持続し発展性をもたねばならない生活持続体である、と位置づける。[12] 経営自主体を「主体的な生活持続体」とこの時点で明確に性格づけていることが理解できる。そして山城は後に社会的責任の理論を展開することとなるが、その萌芽は利害関係者との対境関係の部分に現れているといえよう。

山城は『経営政策　最高経営政策論』（一九五四年）にあっては、人的企業の目的を「自己の所有する資本の保全、増殖のための営利性の実現」と位置づける。そして資本的企業については、初期の株式会社が該当するという。主体は資本出資者（いわゆる資本家のみに限らない）であり、資本の利潤を追求するとする。そして資本と経営の分離が暫時実現しはじめたプロセス形態が現代企業であり、経営自主体を形成しようとする活動を営む活動体である。現代企業の政策主体は経営自主体であり、その構成員としての経営者であり、現実の経営状態と在るべき自主状態との食い違いの調和・適応化を課題とするという。経営自主体としての経営は生産機能達成の有機的組織体であり、主体的責任組織をもつ生活持続体であるとする。[13]ここに「企業体制発展の原理」の各段階における主体・目的が完全に明確化し、また現代的企業の主体を経営者というより経営自主体としての企業自身と位置づけた点が特筆できよう。

山城は『現代の経営』（一九六一年）において、経営（自主）体の特徴をさらに凝縮した形で以下のように示している。①目的として経営体そのものの成長発展を考え、それを生産性と呼ぶ、②この活動のため経営体は組織を形成し、この組織は、機能的組織、責任の組織、しかして主体的組織であることに特性を有する、③このような組織により目的を達成しようとする経営体は、それ自体生きものであるから、その生活の持続と成長をはかり、長き生命をもって自己の存続をはかる、④このような経営体は、生きた活動主体であるために、対内的には合理的なマネジメントを採用するが、同時にそれは対境活動を営む、とする。[14]ここで特筆すべきことは、経営自主体としての企業は明確に「生きもの」であり、人に動かされる組織という公的な見解を取らず「生きた活動主体」としての立場を完全に確立したことである。あらゆる利害関係者と対境関係を通じて関わりあうという概念から企業の主体性の重要さが強調されるのであるが、企業自身が一つの生きものという主体として動いていくという見解は、バーリ＝ミーンズの経営者支配の考えとも異なるものであり、このことをもって「企業体制発展の原理」が山城経営学として確立したと位置づけられるのではなかろうか。

五　その後の企業体制発展の原理

しかし一九七〇年代に入ると山城は「企業体制発展の原理」の枠組みを大幅に変更することとなる。『経営原論』（一九七〇年）においては「人的企業」「資本的企業」の概念は残されているものの、むしろ強調されている枠組みは生業・家業（前近代）→企業（近代）→経営（現代）という図式である。従来の理論では生業・家業は家計が未分離である故に「企業以前」と明確に区分されていたが、日本の特に中小・零細企業に前近代的な生業・家業的性格が現実には強く残っている（実は一部大企業にも残っているという指摘もしている）ということで、前近代的な性格をもった企業という性格が強くなった。そしてここでいう「企業」に人的企業と資本的企業がまとめられる形になったが、近代的な体制として資本的企業の性格中心の位置づけが強くなった。現代的企業は資本と経営の分離によって生成するという点は従来と変わらないが、もう一つの内在的な原動力として、マネジメントを企業体内部で育成したことが体制発展の要因としている。さらにマネジメントの育成＝経営学・経営教育と位置づけ、これによりマネジメントの専門家が育成され、従来の所有者・資本家に代わって企業の最高経営機能まで担当するという方向が資本と経営の分離であるとする。[15]

さらに後年の『経営学〔増補版〕』（一九八二年）においては、「人的企業」の概念はほぼ消滅し、「企業」は「資本的企業」の概念の内容で統一されている。[16] 即ち七〇年代以降山城は「前近代→近代→現代」という枠組みを重要視するようになったといえるが、そのような枠組みに移っていったことについては残念ながら山城自身からの明確な説明はない。ただこの時期『日本的経営論』（一九七六年）という著書を出していることからも伺えるようにいわゆる日本的経営の研究を深めていた時期であり、その課程で日本企業には大企業であってもいわゆる前近代的な要因が所々残っているということに気づかされたことで、近代的合理主義の素養なくして現代化＝経営自主体化はありえないと考えたのかもしれない。[17] 反面「生業・家業」と「企業」の明確な区分はかえって曖昧になってしまったことは否定できない。それでも最終的には企業は経営自主体を目指すという理論的根幹にブレはなく、またマネジメントの生成が企業の経営自主体化を促すという見解を示したことで、山城経営学のもう一つの柱―経営教育と明確に結びつくことが示されたといえよう。

第三節　ＫＡＥの原理

一　ＫＡＥの原理―前説―

本章では「企業体制発展の原理」を中心に山城経営学を論じてきたが、山城経営学としてはもう一つの柱「ＫＡＥの原理」の方がより知られているであろう。これは簡単に述べると、経営に求められるＫ＝知識（Knowledge）およびＥ＝経験（Experience）を基盤にしてＡ＝能力（Ability：経営実践能力）を高めていくという原理である。そしてこの方法論こそ経営教育であり、山城経営学が実践経営学として確立した原理といえる。しかし「ＫＡＥの原理」が原理としてまとまったのは意外に遅く、「企業体制発展の原理」よりもずっと後のことである。

「ＫＡＥの原理」の原型は、山城の著書では『実践経営学』（一九六〇年）で紹介されている。山城は同書の冒頭で、実務家対象の講演等における経営研究の経験・反省によって旧来の経営学研究と説明方法に大きな疑問を抱くようになり、より実践的な研究と説明態度、経営教育的態度をとらねばならないという信念を述べている。[18]実務家との接触によって経営学の現実との乖離を感じたことで、実践経営学の方向性が固まったわけである。

『実践経営学』においては、実践経営学は実践的であるために原理を重視するとする。「原理」は自然科学的な「理論」とは異なる考えである（「科学」は自然科学的な方法論に限定されず、実践科学も原理科学もあると述べている）。「原理」とは「実践」のよりどころ、活用のもととなる考えとされる。また経営上の「実際」も「実践」に活かされるとする。即ち経営原理と経営実際が経営実践（経営政策）に反映される。これはＫ－Ａ－Ｓの公式で表され、Ｋは知識（Knowledge）、Ｓは経験から得た熟練（Skill）、Ａは実践能力（Ability）を示す。ＫとＳを生かして一体化しうるＡをつけることが経営教育であるとする。[19]この段階ではＥではなくＳという概念が代わりに示されているが、Ｓ＝熟練も経験の賜物という位置づけであり、「ＫＡＥの原理」の原型はすでにこの時点で確立しているとみるべきであろう。

二　ＫＡＥの原理―その確立―

『新講経営学』（一九六八年）において、「ＫＡＥの原理」は「ＫＡＥの原則」という形で確立している。即ちＫ（Knowledge）＝知識＝原理、Ｅ（Experience）＝経験＝実際がそれぞれＡ（Ability）＝能力＝実践を啓発するというスタイルが示されている。なおこれまでのＳはＡの説明の際に「この経営教育・経営者教育という Skill（Ｓ）をたかめる方法」と引用されているに留まる。またこれまでのＫを偏重しＡＥは科学的態度でないとするアカデミックな研究とは異なり、実践目的実現のための主体者能力啓発が学問研究課題であるため、Ａを主軸とした実践科学と位置づける。但しこれはＫＥを軽視するわけではなく、ＫＥはＡの前提・基礎となるものとされる。Ｋ（文献的研究）とＥ（実証的・経験的研修）の両方を基礎研究として重視し、Ａ（実践経営能力）を啓発していく（Ｋ→Ⓐ←Ｅ）という。[20]「ＫＡＥの原理」はここに一定のスタイルとして確立したといえる。

ここで注目されるべき点はこの原理はいわゆる自然科学の方法論に則らず、実践的能力向上を目的とした実践科学の方法論をとると明確に述べている点である。自然科学の方法論はいささか乱暴に述べれば、対象を客体化して観察するというものであるが、この方法論では経営能力向上に結びつかないことを山城はすでに理解していた。経営学を教える存在は経営学者であるが、実際の（特に企業の）経営を担う存在は実務家・経営者という別の存在であり、経営学者が教える「理論」が役に立つとは限らないからである。先述のようにこれまでの「アカデミックな研究」のスタイルへの反省から編み出された新たな経営学がこの「ＫＡＥの原理」に基づく実践経営学であったといえよう。

三　「ＫＡＥの原理」──完成形──

山城は「ＫＡＥの原理」を、『経営原論』においてより詳細に述べている。基本的な考えは『新講経営学』と変わりはないが、Ｋ＝知識＝原理のうち「原理（principles）」について、囲碁・将棋における「定石」やスポーツの「正攻法」と同じものであり、知識のための知識ではなく有能な行動（Ａ）にとって基礎をなすものとする。ただこの基礎を整えただけでは行動の実践能力を保証しない。Ｅ＝経験＝実際もＡの基礎をなすが、やはり能力啓発に結びつけることこそ重要となる。そしてＡ＝能力＝実践をさらに分析すると、それが①主体者による、②目的達成の意思行動であり、③これが人間理性の要求にしたがい、理念に即しておこなわれることとする。[21] 即ちあくまでも企業という組織の目的を達成するために、原理に即して経営する能力を高めることを意図しているといえよう。

さらに山城は『経営学（増補版）』において、「ＫＡＥの原理」に基づく経営実践能力向上はＡ＝能力を啓発（development）するマネジメント・アプローチの研究態度に基づき、「プロ経営者へと自ら努力する」研究態度である「自己啓発（Self-development）」によって行われるべきと位置づけている。[22] 即ちＫやＥが幾ら高まったところで、肝心のＡ＝経営実践能力を高めることに役立たなければ意味が無いのである。ＫとＥがＡの向上をもたらすためには、自ら経営実践能力を向上させることを意識づけてＫを学びＥを体験しながら、創意工夫して経営の仕事に活かしていこうというＡの主体者の意思が何よりも欠かせないことになる。ここに経営実践学の原理たる「ＫＡＥの原理」は完成をみたといえよう。

第四節　「経営自主体」に基づく企業の社会的責任

一　対境関係

山城は「企業体制発展の原理」「ＫＡＥの原理」を提唱したことで知られるが、もう一つ注目されるべき観点がある。それは現在の経営学界で盛んに取り上げられる企業の社会的責任（ＣＳＲ）の考え方を彼は先取りしていた点である。山城は企業の社会的責任の内容を「社会性責任」「公益性責任」「公共性責任」の三種類に分類して展開している。

山城が企業の社会的責任の概念を本格的に意識し始めたと思しき時期は先述の『企業体制』の時点に遡ることができる。それは経営自主体が対境関係でもって資本（株主）・政治・労働運動・公衆・同業者等インタレスト・グループと結びつく点、およびそのインタレスト・グループのために生産活動を行う責任自治体であると論じた点である。ここで対境関係は企業に対してインタレスト・グループが部外者の立場から利害・支配を要求してくる関係と考えられている[23]。即ち企業外部の利害関係者が要求する利害に、企業は何らかの形で応える責任があることが示唆されている。

『経営政策　最高経営政策論』の段階になると、対境関係についてより詳細に考察が試みられているが、ここで先ずは「資本と経営の分離」によって企業が資本家支配から離れることによって、資本家（株主）のみならずさまざまな利害者集団（interest group）との外郭的関係として対境関係が成立するという。経営（自主）体としての企業は第一に生産機能の合理的達成を目的とする。その成果のよりよい時に各利害者集団の要求は満たされることになる。第二に経営体は機能的組織体である。即ち自己の生産的活動を任務とし、これを達成するための組織機能の意味で機能的である。第三に経営体は主体的組織である。即ち経営体の全構成員が企業内部において主体者であり自覚的に経営活動を行い、対境的な諸利害者集団との関係において経営は主体者となる。第四に経営体は自主的責任組織体である。即ち経営の対外的責任組織─対境的諸利害者集団から課せられた責任を果たすこと＝生産的成果の達成を介して社会責任を果たすこと、および経営自体の内部構造が責任組織であること＝各々の経営構成員が機能を主体的・自主的に責任的自覚をもって遂行し、経営は部分部分を有機的なチームワークを取れるよう編成する。第五に経営体は、生活持続体である。即ち経営自体の生存・発展のために収益性を重視する。またそれは同時に経営生産のためでもあり、社会的責任の達成のためでもある。利害者集団としては株主・政府関係・労働組合・消費者等が該当する。これら利害者集団との対境関係において、その精神的意見形成の在り方としてＰ・Ｒ（public relations）が重要である。対境活動は①相対的対境活動（対等的）②受動的対境関係（利害者集団側が優勢）③能動的対境関係（企業側が優勢）の三つが考えられるが、経営（企業）も一つの利害者の立場であり、②の立場に企業がおかれた際は自主を主張でき、また③の状況にかまけて他の利害者集団を否定することは正しいあり方ではない。諸利害のすべてを認め、その調整的均斎関係─相互の調和と理解・善意による関連─Ｐ・Ｒのあり方に社会的発展が期待される、とする。(24)

即ち経営自主体としての企業は社会に責任を持つ生活持続体であり、諸利害関係者と対境関係において利害対立を抱えながらも、利害関係者の利害要求には何らかの形で応え、逆に利害関係者側が自らを否定するかのごとき行動を取ってきた場合は自主的・主体的に抵抗することとなる。そして最終的には相互調和・理解に至るP・Rの在り方を目指すこととなる。対境関係は利害がせめぎ合う厳しい関係であるが、一方が他方を駆逐することをよしとせず、何らかの形で関係を持つ者同士が最終的には円満に共存する関係を目指すという考え方である。資本主義的弱肉強食の世界にまかせるままでなく、共産主義的な（建前の）平等をうたう欺瞞の世界でもなく、企業が果たす社会的責任の一環として諸利害関係者との対立→共存（利害調整）を目指すという視点は、後のCSR論の先取りの一つといえよう。なお山城は後に生産活動によって社会的責任を果たすという概念は「社会性責任」、諸利害関係者と利害調整を目指すという概念は「公益性責任」へと発展させることとなる。

二　社会性責任・公益性責任・公共性責任

山城は社会的責任を「社会性責任」「公益性責任」「公共性責任」の三概念にまとめている。ただ『現代の経営』の段階では未だ明瞭にはなっていない。同書においては対境関係の概念がさらに明確化され、それは企業の利益の配分関係であり、対境当事者間の力関係であり、支配・統制―コントロール―の関係であるとする。ただ斯様な対境関係にある諸利害関係者すべての利益になることをP・RのP（パブリック＝みなの、すべての人の）、「公益」と位置づけている。[25]この概念が後の「公益性責任」へと発展することとなる。

山城が著書において社会的責任を「社会性」「公益性」「公共性」三概念にまとめたのは『新講経営学』が初出であろう。即ち先ず「社会性」は、経営体という一つの仕事的人集団社会自体の充実・発展により仕事―生産・サービス等―の成果をあげ、社会の必要（筆者注：ニーズのこと）にこたえることである。経営体という一社会自体の充実でもあり、いわば対内的責任である。社会―利害者集団にこたえることは、彼らの要求に受身的にこたえることではなく、経営体自らの充実化につながるからである。「公益性」は、さまざまな利害者集団の対境関係を通じた利害要求に対して、企業が自主的に「みんなの利益（Public Interest）」になるよう調整することである。そして経営体（としての企業）もまた利害者集団の一つであり、制度的存在・生命ある生活持続をなす集団として自己充実発展のために利害を主張する。このことによって「社会性責任」を果たすことにつながる。そして「公共性」とは、社会生活の根底にあるもので、消極的に「害」を拒否する要求を含む。つまり社会責任として「してはならぬ」要求―公共の秩序維持・他人に害を与えない・法や社会規律に反しない―を含むものである。企業としては公害問題を起こさないことがあてはまる。これは経営体に限らずすべての社会生活を営む者・集団に共通し、すべてに先行し基底をなす責任である。そして社会的責任は、一義的に経営体の充実・発展という「社会性」目的に立脚し、その促進のために「公益性」「公共性」を考慮する。この三者の円滑な統一は、経営者という専門人が経営目的を主軸とした経営思考（思想・理念）によって統合すると述べる。[26]

ここに山城の社会的責任についての概念は完成をみたとみてよい。経営自主体としての企業自らを充実・発展させるために生産活動を充実化させる「社会性責任」の概念は対境関係の議論で概念自体はすでに論じられていたものの、『新講経営学』の時点で「社会性責任」という形で明確化に至った。同様に諸利害関係者と円満な利害調整を目指す「公益性概念」も対境関係の議論で述べられていたのが、同書で「公益性責任」という形で明確化されている。これに対して同著の時点で初めて登場した概念が、社会に害を及ぼすような行為は行わないとする「公共性責任」の概念である。ここに来て唐突な印象を受けるが、山城自身が触れているようにこの概念は公害問題を念頭においたものであることは間違いあるまい。当時は水俣病・新潟水俣病・イタイイタイ病・四日市ぜんそくの四大公害病をはじめ公害問題が深刻化し、それを受けて公害対策基本法が一九六七年に制定された世相であった。現実の要求が山城経営学に影響を与えたといえるが、実際からのフィードバックという実践経営学の在り方をまさに実践したとも取れよう。

三　日本的「責任」概念

山城はその後いわゆる日本的経営の研究に取り掛かり、日本的経営における「責任」の概念が欧米のそれと異なるということに気づいていくのであるが、すでに『現代の経営理念（理論編）』（一九六九年）の時点で以下のように指摘している。

「経営の組織観においては、責任権限（responsibility and authority）」の原則がすでに常識化しているが、この責任とは、経営社会責任のことであり、経営専門人が、経営という専門の仕事の遂行を自己の責任とし、これを任務とするという意味である。したがって responsibility は責任というよりも、職務といわれることが多い。しかし、わが国における責任という用語は、失敗の責について考え、この責を刑罰をもってつぐなおうとする、きわめて消極的な、人中心の思考である[27]」。即ち山城は「責任」を仕事についての職務という概念と位置づけているが、日本における「責任」は「失敗したことそのもの」を刑罰を受けて償うことというのである。

そして山城は日本的経営の研究成果を『日本的経営論』（一九七六年）にまとめる。同著において、本来責任（responsibility）は「職務」が適訳であり、マネジメント的な責任＝responsibility とは機能・職能の専門家が自らの専門の道について「役割」「分担」を意欲的に達成することである。経営者の責任とは、自らのマネジメントの仕事をプロとしてよく達成することであり、その仕事の達成によって結果として社会に貢献することである、と述べる[28]。

これに対して山城は同著で、日本における「責任」を以下のように位置づける[29]。

・自らの意識よりも「責任を取らせる」ことの要求側で課題となる。前向きに問題をいかに無くしていくかという機能的責任意識より、悪の告発・追求とその償いに傾きがちである。

・失敗責任の追及に急である。故に主体側では積極的仕事的な態度が薄くなり「責任のがれ」が蔓延する。

・責任が分散、誰にも責任を負わせる、誰も責任者にならぬシステム―集団万能社会が形成される。

個人は集団内に埋没し、個人の責任は不分明となる。

・集団全体責任として集団長が責を取る。当事者責任は無視されることに。

・失敗は「恥」であり、恥を注ぐために「腹切り」する。そのことで「仕事はまずくても人として立派」という評価につながる。

・仕事は天職・コーリング（calling）という天や神から召された職であり、これを維持・遂行するために収入を当然に与えられ、他にも収入を与える、という考えがわが国では理解されにくい。即ち社会責任を職（神からの仕事）遂行により達成するというマネジメント的な「社会性責任」が理解されにくい。

・利益＝不当なものという考えが強く、「みんなの利益」に貢献する「公益性責任」も理解され難い。

山城は日本的経営における「責任」の概念が、経営自主体としての企業における責任概念と相当にかけ離れていることに気づかされたのである。取り分け経営自主体における責任―すべての構成員が主体的に自らの機能―職務を果たすというマネジメント機能主義が、日本的経営における「責任」の概念に根付いていないことには衝撃を受けたようで、前述のように「企業体制発展の原理」の枠組みそのものを変化させる動機につながったと考えられる。日本的経営における責任とは、仮に失敗があった場合の責任の取り方は、失敗を失敗者の悪として失敗者を全人的に追及されることで、それを恐れて「腹切り」することである。すると逆に「立派なもの」として評価される。この伝統的責任観はいわば身内の人・集団にたいする責である。失敗したことを次の成功の糧にしたり失敗を無くす様に反省するという機能主義的な反応とは異なる。[30]機能主義的な意味での責任ではなく、「失敗したことについて腹を切る」責任故に失敗のフィードバックが起こりにくい。山城は一九七九年に日本経営教育学会を設立して、産学両方の経営教育に力を注いでいくこととなるが、その背景には日本企業の仕事（責任）に機能主義の概念を何とか根づかせることは出来ないか、という思いが秘められていたと考えるのは穿ち過ぎであろうか。

第五節　おわりに

以上、山城章の経営学を「企業体制発展の原理」「KAEの原理」そして社会的責任の観点から振り返ってみた。「企業体制発展の原理」は、企業の姿は一様ではなく、経営自主体という在り方へと体制発展していく原理である。経営自主体としての企業は主体的・機能主義的であり、社会的責任も主体的に果たされることとなる。また「KAEの原理」によって、経営者も経営学者も実践的に経営教育を行い経営能力を高めていくこととなる。経営能力向上が企業の経営自主体化を促すことにつながるのである。このことから、山城経営学は単なる企業論でも管理論でもなく、総合的に経営を捉え、企業の在り方を示した上で、それに向って経営を担う人材を実践的に育成し彼らの経営能力を高め、その結果企業の在り方―経営自主体―化を促すことに尽力した経営学であったといえよう。

（小野　琢）

注

（1）筆者は平成二一年二月一九日に昭和女子大学で開催された「山城章先生・生誕百年記念『産学交流シンポジウム』」（日本経営教育学会・山城経営教育研究所共催）に参加したが、明らかに一般実業界からの参加者と思しき人達によって会場が埋め尽くされていたことを指摘しておく。

（2）山城は「行為的実践、その主体性の論理を基本とする私の実践学としての経営学、主体性の論理から展開する経営者・経営体主体論など、基本は山本さんの論理と共通であり、むしろ、何となく山本さんから学びとったものであったといえよう」と述べている（山城章「郷土先輩の経営学原論」『山本安次郎先生喜寿記念文集　めぐりあい』経営学理論研究会、一九八二年、五六頁）。

（3）山城章『経営費用論』同文舘、一九三六年。なお同書は旧字体で記述されているが、本章では便宜的に現代漢字ベースで表記した。

（4）同上書、一〇二―一二〇頁。

（5）山城章『企業体制の発展理論』東洋経済新報社、一九四七年、三―四五頁。なお同書は旧字体で記述されているが、本章では便宜的に現代漢字ベースで表記した。

（6）同上書、三九―四五頁。

（7）同上書、五一―六五頁。

（8）同上書、七〇―七四頁。

（9）同上書、七七頁。

（10）山城章『企業体制』新紀元社、一九五〇年、一五―四三頁。なお同書は旧字体で記述されているが、本章では便宜的に現代漢字ベースで表記した。

(11) 同上書、一五―四三頁。
(12) 同上書、二〇七―二二六頁。
(13) 山城章『経営政策　最高経営政策論』白桃書房、一九五四年、一一―二〇頁および八〇頁。
(14) 山城章『現代の経営』森山書店、一九六一年、一一七頁。
(15) 山城章『経営原論』丸善、一九七〇年、一八五―二〇一頁。
(16) 山城章『経営学〔増補版〕』白桃書房、一九八二年、四八―五八頁。なお同書の初版は一九七七年刊行。
(17) 山城章『日本的経営論』丸善、一九七六年に詳しい。
(18) 山城章『実践経営学』同文舘出版、一九六〇年、三頁。
(19) 同上書、三―八頁および二六一―二六四頁。
(20) 山城章『新講経営学』中央経済社、一九六八年、二二一―二二四頁。
(21) 山城『経営原論』六六―六九頁。
(22) 山城『経営学〔増補版〕』一六―二二頁。
(23) 山城『企業体制』二一〇―二二六頁。
(24) 山城『経営政策　最高経営政策論』六七―一〇二頁。
(25) 山城『現代の経営』四〇三―四二八頁。
(26) 山城『新講経営学』九三―一一〇頁。
(27) 山城章『現代の経営理念〔理論編〕』白桃書房、一九六九年、三四頁。
(28) 山城『日本的経営論』一一三―一一四頁。
(29) 同上書、一五〇―一五二頁による。
(30) 山城『経営学〔増補版〕』一九九―二〇二頁。

第二編　批判的経営学を指向する理論的系譜

第一章　批判的経営学の系譜
――この系譜の概要――

第一節　はじめに――批判的経営学とは何か――

批判的経営学という名称が巷間で聞かれなくなってすでに久しい。この言葉を聞いたこともない人も、若い層の読者には存在するであろう。

のちに述べるように、批判的経営学とは、大正デモクラシー最後の名残も完全に消えた満州事変の昭和五年、中西寅雄『経営経済学』の刊行をもって始まった、マルクス主義的アプローチを特徴とする批判的企業論、およびそれに連なる一連の流れの学派を指して言われる名称である。

中西自身は自らの研究を批判的経営学と呼んだことはなく、マルクス主義的研究者として生きていこうとしたわけでもなく、この著作の刊行後まもなく、その立場とはことなった活動をしていくことになる。この名称が生まれ、普及するようになったのは、第二次大戦中にマルクス主義の立場を堅持し、敗戦直後に著作を公表した北川宗藏の命名によるものである。

戦時中はごく少数の学者達のひっそりとした研究に留まっていたこの系譜は、敗戦とともに様相を一変した。敗戦後日本のA級戦犯逮捕、公職追放、人権指令（共産主義者を含む政治犯の釈放、思想警察の廃止等）に始まる一連の民主化改革のなかで、労働組合運動は急速に組織化が進み、国際的にも社会主義圏は東欧・アジアに拡大していく勢いがあった。まもなく始まった米ソ冷戦を他方で背景としながらも、相次ぐ旧植民地解放の進展も、国際的に開放感を高揚させていた。このような状況下で、マルクス主義的系譜の経済学・経営学が影響力を持つようになり、堰を切ったように普及して行ったのである。ソ連・中国・北朝鮮など共産圏諸国に対峙する前線列島たる資本主義国でありながら、マルクス主義経済学の影響力が極めて大きいという奇妙な状況が存在した。

状況が変わり始めたのが一九六〇年代である。輝かしく見えていた社会主義国に、陰りが見えはじめ、徐々にそれが顕在化してきた（中ソ対立、農業政策失敗、経済成長の停滞、生活必需品不足、技術革新での西側からの立ち後れ、中央集権型指令経済の機能不全、ヤミ経済の蔓延、党官僚の特権階級化と腐敗など）。そして、一九九一年末には体制が崩壊するにいたる。即ち、すでに一足先に崩壊していた東欧諸国に続いてソ連も崩壊し、社会主義世界経済体制はドミノ的に崩壊したのであった。さらに、中国、ベトナムなど社会主義を名目的に捨てなかった諸国も、なりふり構わず市場経済を導入し、国際社会に経済を開放して投資を呼び込む経済成長政策をとった。その結果、貧富格差・地域格差が著しく拡大し続け、相変わらず続く政治的・人権的諸権利の強権的抑圧とともに、マルクスの本来的な理念的教義とは何ら関係なく、むしろ正反対である状況がいっそう明確化した。また、日本の国内でも、戦争直後は高かった労働組合組織率も低下して二割を切るまでになり、マルクス主義の影響はなくなり、論壇でもマルクス主義的言辞はほとんど見られなくなってしまった。国内外的に、マルクス主義は魅力を失ったのであった。

このような状況下で、かつての批判的経営学の系譜の議論は下火となったのである。今日全世界的に（旧現の社会主義国を名乗る国を含めて）貧富格差の拡大や貧困問題が深刻になってきており、本来であればこの系譜の研究が活性化して鋭い分析が見られてもよいはずのところであるが、かつての勢いは殆ど見られない。学界でも、社会主義経営学会は日本比較経営学会へと名称変更をし（一九九五年）、社会主義経済学会も比較体制経済学会へとおなじく名称変更した（一九九三年）というように、社会主義という名称を抹消して存続するという情況になって今日に至っている。こうなった根拠を理論的に根本から問い直す作業をするという努力も殆どなされていない。

この学派は何を議論し、なにゆえに今日の低迷に至ったのか、時代的不適合ゆえに消えたのか、あるいは理論的欠陥ゆえなのか、なんらかの理論的有効性を保ちうるのか、理論史から得られる教訓があるとすればそれは何か、などについて、この第二編では、批判的経営学史じたいを批判的に見ていくことにしよう。

第二節　戦前におけるこの系譜の生成――中西寅雄――

この系譜の始祖が中西寅雄（一八九六―一九七五）であった事については、一応見解が一致しているといってよいであろう。中西寅雄『経営経済学』（日本評論社、一九三一年）がそれである。

中西がこの書を出版した時代は、大正末期から昭和初期にかけての第一次大戦後恐慌、関東大震災、金融恐慌、世界恐慌の波及、産業合理化運動が相次いだ時期であり、ロシア革命（一九一七年）の影響によって労働運動・社会主義運動の一定の拡大が見られた時期でもあった。

当時少壮（三五歳）の東京帝国大学教授であった中西は、本書を次の言葉から始めている。「従来のあらゆる経営経済学の批判によって新たに経営経済学を樹立することが、今日の経営経済学者に課せられた任務である。これは一定の国民経済学の理論を基礎としてのみ果される」（「序言」一頁）。中西は本書を「準備的な覚書」「問題提起の契機」（同）とも述べ、未完の書である事も併せ断っている。ここに一定の国民経済学とは主としてマルクス経済学（マルクス、ヒルファーディング、カウツキー、ブハーリンなど）を意味していた。これを基礎として当時のドイツ経営経済学やアメリカ経営学を批判的に考察し、新しい理論的経営経済学を樹立しようというのであった。従来なかった新しい経営経済学を、マルクス経済学をベースにして構想しようという訳であるから、まずその方法論的基礎が明確にされる必要があった。この点について、中西はおおよそ次の諸点を主張している。

① 理論経済学は「マルクス主義経済学に従って、……資本主義的生産諸関係を研究対象とする科学であると解する」。

② 個別資本は社会的総資本の分化発展した部分である（両者は部分と全体の関係にある）。

③ 個別資本の研究は社会総資本の運動法則をその全体性において認識するための不可避的な過程であり、社会経済学の一分科としてこれに包括される。

④ 理論的社会経済学に対立した別個の科学としての理論的経営経済学の成立はあり得ない。

⑤ 理論的経営経済学は社会経済学の一分科であり、相対的独自性を持つと同時に、社会経済学に包摂される限りに於いて絶対的独立性は否定される。

⑥ リーガーらによって経営経済学の内容とされている「経営」と「企業」との区別は、マルクス経済学のいう商品の二要因（使用価値と価値）によって説明される。[1]

⑦ 「経営」は「使用価値生産の為の単位体」、「技術的生産に於る生産諸要素の機能単位」、「労働技術的諸関係」、「物の組織体」、「自然的範疇」、「如何なる社会形態にも共通的に存在し得る」「普遍性を有する」「超歴史的・自然的過程」である。具体的にはマニュファクチュア的経営、機械的経営、工場組織などである（本書第二章「資本制経営の諸形態」では、マニュファクチュア、工場、労働の強度化と賃銀制度、テイラー・システム、フォード・システムが取りあげられている）。

⑧ 商業・銀行などは使用価値の生産に直接参与しないから、そこには「経営」は存在しない。

⑨ 「企業」とは、「利潤獲得に於る資本の機能的単位体」、「価値生産のための単位体」、「社会的過

程」、「物を通じて結ばれる社会的・人間関係的過程」、「人と人との関係」、「特定な、歴史的な形態、即ち資本家的形態」、「階級関係に基づく剰余価値生産の過程」である。

⑩ 技術論としての経営経済学は「利潤追求の学」か「工芸学」かになってしまう。技術論が金儲け術から「共同経済の福祉増進の学」になるためには、それが超歴史的・普遍的な「使用価値生産の労働過程をそれ自体として研究する」学問＝「工芸学」にならなければならない。この工芸学に属する学として「労働の科学的組織」が今後発展を期待されるが、これは心理学、生理学、機械学等の応用科学であり、経済学とは関係ないものである（→したがって経営経済学に内包され得ない）。

中西は、しかしながら、五年後の『経営費用論』（一九三六年）において、いくつかの点で理論的な修正・転換を行った。次の諸点であった。

⑪ 商業や財務活動にも、価値的過程と技術的過程とが考察される必要がある。

⑫ 経営経済学は個別資本を「企業家の意識に反映せる姿容において」研究する学である。

⑬ 経営経済学の中心問題は費用問題である。

⑭ 費用問題の研究は当面する「統制経済」化への貢献という点で重要である。

中西は、こうした理論的転換と並行して、臨時産業合理局小売改善委員会委員（一九三四年）、企画院委員（一九三八年）、商工省中央物価委員会委員（一九三九年）、企画院財務諸表準則統一協議会委員・中央物価統制協力会議常務理事・商工省中央価格形成委員会委員（一九四二年）、内閣臨時統制法

令調査委員・戦時物価審議会専門委員（一九四五年）などの実務家として活躍するようになる。

中西は、一九三一年当時にあって、ドイツ経営経済学での議論を受け止めつつ、それをマルクス主義経済学を基礎にして理論化しようとしたものであったが、しかし彼自身は強固な信念に基づくマルクス主義者でもなんでもなかったから、厳しい時代状況の推移にあわせて自説を変幻自在に変えていくことになるのは、ある意味で自然な成り行きであった。

しかしながら、中西によって口火を切られたマルクス経済学を基礎にして経営経済学を構想しようとする思考は、その後、中西個人の動向如何を離れて、後に批判的経営学と呼ばれる系譜の形成に結びついていくのである。

中西の議論には、その後延々と続いた批判（的）経営学派の方法論上の議論に対して影響を及ぼし続けることになる致命的な欠点が含まれていた。簡単に列記すれば、次のとおりである。

一．中西の主張点②の「個別資本は社会的総資本の分化発展した部分である」という理解、「部分と全体」という理解は、彼が拠ったとするマルクス『資本論』の議論とは正反対の理解であり、正確には「個別」と「総体」の関係である。中西の理解とは逆に、自律的な運動体である個別資本が相互の絡み合いと競争関係のなかで社会的総資本を形成するのである。（この批判はずっと後に、浅野敞を待って初めてなされた）。中西の全体→部分という理解だと、社会総資本をまず競争を捨象した全体として捉え、それが分化したものとして個別資本を捉えているので、個別資本の自律性が完全に無視され、経営経済学が成立する根拠がそもそも存在し得なくなるのである。

二．③の「個別資本の研究は社会総資本の運動法則をその全体性において認識するための不可避的な過程に過ぎず……」という《認識過程》的位置付けからは、厳密には、理論的経営経済学が成立する根拠が存在し得なくなる。

三．⑥のように「経営」・「企業」の概念を『資本論』の使用価値と価値とに振り分けて結びつけ、同義的に理解し、図式的に展開したのは誤りである。しかし、この思考は戦後も執拗に残存し続けた（この点はずっと後に、片岡信之や篠原三郎、坂本雅則らの諸著作によって批判されることとなる）。

四．⑦も明白な誤りである。中西は本書で「資本制経営」「経営組織」として「Aマニュファクチュアと工場、B労働の強度化と賃金制、Cテイラーシステム、Dフォードシステム」をあげて解説しているが、これは論理的な破綻を示している。中西の論理を採用するならば、そもそも本来「資本制経営」などという「経営」概念はあり得ないはずである。

五．「経営」を超歴史的、「企業」を歴史的と振り分けた中西の図式的思考も問題である。彼のような言い方をすれば、（形態や本質こそ異なれ）ある意味ではどの時代にも生産関係はあるという意味では、「企業」も超歴史的と言えなくもない。逆に「経営」（中西の用語法で言えば「使用価値生産の為の単位体」）も、視点を変えれば歴史的であるとも言える。

六．「個別資本の生産過程」の章では「労働過程と価値形成（増殖）過程」が「経営」と「企業」とに振り分けられ、「経営」は決して経済現象（＝「人と人との関係」）ではないとする。しかし

「協業・分業」という「共同的経営」においては「経営そのものが、或意味に於て、諸個人の人間関係をその中に含むこととなる」（七二頁）点は、さすがに中西も認めざるを得ない。そこで彼はこの点について、つぎのように強弁することとなる。「然し、この場合に於ける諸個人は専ら自然的範疇としての生物学的人間であり、……斯かる諸個人間の人間関係は、人と物との、人と牛馬と関係、従って根本的には物と物との関係と本質的には何ら異らない。それは謂はば労働技術的諸関係である」（七二頁）。こうして中西の経営経済学の中で経営組織や管理を社会科学的に正面から研究対象に据えることは不可能になった。

七．中西の著書『経営経済学』では、経営経済学の研究対象が個別資本と設定され、その個別資本に関しては、「個別資本の生産過程」→「個別資本の循環と回転」→「財産及資本の本質と其構成」→「株式会社」と目次構成（論理）が展開されている。一見して分かるように、今日の経営学で中心的内容になっている各種の組織論・管理論が殆ど無い。そもそも組織論・管理論領域を《超歴史的、使用価値生産、工芸学》として位置付けているが故に、経営経済学のような社会科学で論じるような論理になっていないのである。

八．こうして中西説は、第二作『経営費用論』（一九三六年）に象徴されるように、「費用・収益・利益の関係」という会計的な側面を中心とした研究に、その後は傾いていくこととなった。

九．中西の記述で気になるのが、彼が人と人との関係、人と物の関係、物と物の関係などと言う場合に意味されている内容である。厳密には経済的範疇としての人格と人格の関係、人格と物象の関係、物象と物象の関係と呼ぶべきところを、安易に人と人、人と物、物と物と呼んでおり、理解もそのレベルにとどまっており、マルクスの思想の中心にあった対象化、物象化、物神性の視点がまったく欠落していることを露呈している。この落差が彼の経営経済学展開のマルクスとの乖離に大きく反映されているのである。中西は、マルクス『資本論』の用語法をこそ使ったけれども、その根底にあった肝心の根本思想を理解していなかったのであった。

第三節　中西説の影響と克服への努力
——佐々木吉郎・馬場克三・古林喜樂・北川宗藏——

中西の著書は、本人の意図やその後の転進とは関わりなく、後のマルクス主義系の論者に影響を与え続けた。七年後に刊行された佐々木吉郎『経営経済学総論』（一九三八年）は、経営経済は個別資本運動の担い手であると規定した。佐々木吉郎（一八九七―一九七〇）は「経営経済の二重性」について論じ、それが「労働行程」（「技術行程」「生産力関係」）と「価値行程」（「資本主義生産関係」）との統一物であるとした。二重性はさらにのちに「指揮・管理の二重性」「労資関係の二重性」などとして、範囲を拡大して論じられていった。殆ど中西の思考枠組みを継承したと言って良い。さらにこの思考は、弟子の大木秀男（一九〇九―一九四九）において、『企業技術学序説』（一九四〇年）、『経営学の根本問題』（一九四三年）、『経営技術学』（一九四七年）などで、《企業活動＝個別資本主義運動、価値行程→経営経済学ないし企業学》、《経営技術＝（個別資本主義運動の）素材的内容、手段的過程の組織、使用価値行程→経営技術学、企業技術学》という別個の二つの学問にまで切り離されてしまった。しかし、結局は経営技術学・企業技術学を使用価値工程にも安置し得ず、《自然科学にも社会科学にも属さない技術学》に属する法則科学と宣言することとなる。

中西の問題提起を最も真剣に検討したのが馬場克三（一九〇五－一九九一）であった。馬場は中西説の個別資本概念が社会総資本の分化としてしか理解されず、抽象的であり過ぎることに問題があり、経営技術への接近が困難なのもこの点に起因すると考えた。そして、その克服のために、戦後にたびたび言及されて有名になる個別資本の五段階規定（五段階説）を提示した（一九三九年）。

五段階説そのものの詳しい紹介は、後述の章に委ねるが、要するにそれは個別資本概念を抽象度によって次の五つのレベルに区別して理解し、それによって中西では捨象されていた経営学の経営技術をはじめとする具体的事象を取りあげていける経営学を樹立する手がかりにしようとするものであった。五段階とは、個別資本概念の理解における次の内容レベルの相違を意味した。

①個別資本と社会総資本との分化以前の段階、②社会総資本を多数の単位に分割しただけのレベルの個別資本、③平均利潤率の支配下に置かれた、多数の競争するレベルの個別資本、④同一産業内部における競争即ち超過利潤の概念を可能を考慮に入れることによってさらに具体化されたレベルの個別資本、⑤自己資本と他人資本の分離、即ち貸付資本の成立を導入することでさらに具体化されたレベルの個別資本。

このように整理したうえで、馬場は①②③のレベルの個別資本の研究は社会総資本の研究と変わりがないので、④⑤レベルの個別資本に遡るべきである、とする。そして、結果的に社会総資本の研究は基礎的深部を、個別資本の研究は現象の上層を（「企業家の意識の相において」）研究するというように焦点、局面が異なるというのである。社会経済学と経営経済学とが、この局面の違いという事で仕分けられたのであった。見られるように、中西の欠点は基本的に克服されず、寧ろその上に接ぎ木されている。

この馬場説に対しては、戦後多くの論者が言及し、また、批判的に検討され、①経営経済学を企業家の意識を拠点にして観察するものと先験的に決めつけている、②社会経済学と経営経済学との区別を抽象的と具体的、深部と上層の関係とするのは不当である、③中西の《全体と部分》という誤った思考が根底ではそのまま継承されていて克服されていない、④馬場は、第四―五段階の個別資本で企業家の意識的支配の契機が復権され、経営技術との接点が出てくるとするが、資本機能の担い手は個別資本には始めから前提されているのであって、第四―五段階で突然出てくるものではない、などの批判が多くの論者から出された（浅野敞、三戸公、川端久夫、篠原三郎、片岡信之ら）。こうして、馬場の五段階説は、その意図にもかかわらず、中西理論の欠陥である経営技術論の欠如を克服して、それを豊富に取り扱いうる経営経済学に道を切り開く基礎理論にはなり得ないものであった。それは基本的に、中西理論の根本的欠陥である《全体―部分》という思考も《価値と使用価値とへの振り分け》思考も克服したものではなかった。

古林喜樂（一九〇二―一九七七）は『経営労務論』（一九三六年）において、手工業経営→工場制手工業→機械制工業→大規模経営の歴史的推移のなかで労働の歴史的・質的変化を分析し、歴史的・理論的分析を進めていた。彼の行き着いた方法論的視点は、戦後に、《経営学＝個別資本運動の最も表面に浮かびいでた、現象中の最先端の現象を研究する→技術論的研究との結びつきが不可欠。経済学＝人間の意思の介在余地のない、制御できないもの→本質論的研究》という主旨の主張として表明された。馬場と類似の発想であった。

以上の諸論者たちが中西説の延長線上で個別資本理解を具体化しようとしたのに対して、それとはすこし異なった視点から研究を進めていたのが北川宗藏（一九〇四―一九五三）であった。彼はドイツ経営経済学の批判を中心に「市民的経営経済学」批判をし、「計画経済における企業経営の立場」を展望する「真の経営経済学」を対置する構想を打ち出していた。その構想は戦後発表された論文で、「資本家的経営学」→「批判的経営学」→「社会主義的経営学」という経営学の「三つの基本的類型」として定式化された（一九五三年）。批判的経営学という名称は北川のこの定式化以来、一般化したものとなった。

北川の「ブルジョア経営学批判」の方法はその後の批判方法の一つの範例となった。彼の理論活動の中心はここにおかれたが、僅かながら積極的理論体系に向けた端緒的発言をしている。「企業の二重性」を主張し、①「経営」（＝「使用価値を生産する単位体」「企業の社会形態からはまったく独立したもの」「自然条件」「内容」等々）と②「企業」（＝「資本の価値増殖の単位体」「社会的あり方」「社会形態」「形式」等々）との「弁証法的統一」であるとしている。しかしながら、企業の二重性論に見られる図式的「経営・企業」論は、中西の欠陥を超えるものではなかった。

第四節　戦後における展開
――上部構造説の提起と個別資本説の新展開――

これまでの個別資本理論は、中西説の延長線上を超えるものではなく、従ってこの学派が「ブルジョア経営学」と呼ぶ（主としてアメリカ）経営学の中心をなす経営組織・管理を正面から取りあげて批判的に論ずる方法論を欠くものであった。経営組織・管理を、本質的に、使用価値生産の単位、技術的生産諸要素の機能単位、労働技術的諸関係、物の組織体、自然的範疇、如何なる社会形態にも共通的に存在し得る超歴史的・自然的過程などとして捉える方法論からは、社会科学的分析は不可能だったのである。

このような情況のなかで、やがて上部構造説と呼ばれる新しい流れが経営学者や会計学者の中から生まれる。その代表格は杉木清（一九二七―）と岩尾裕純（一九一五―一九九一）であった。

杉木は、従来の個別資本説のように本質と現象、一般と個ということを経済学と経営学の区別基準とするのは科学論としては明確な誤りであるとする。そして、経営現象は①目的意識性、②社会体制を越えた継承面と非継承面、③階級的と非階級的の二面性、などを持つと言う。ここから経営現象は一．社会の上部構造の側面と二．生産活動（＝技術的・労働科学的）の側面の二重性を持つとし、従って経営学はこの二重性を持つ独自の科学とされたのである。朽木は北川を厳しく批判し、北川説は生産力と生産関係の矛盾による資本主義企業の社会主義企業への移行の必然性の客観的追認に終わっていると攻撃した。そして自らの新説の任務は、資本主義的経営学に対して、①資本主義の上部構造的側面での徹底的批判・暴露と②貴重なモノ（技術学的法則の発見）の継承だという。もちろん比重は前者に置かれ、理論の実践性・階級制・科学性を強調しながら、労働者階級に行動指針を与える「労働者的」経営学が目指された（一九五五年）。

戦後設立された民科（民主主義科学者協会）を背景とした朽木論文とほぼ同様な問題意識は、岩尾裕純によってもうちだされた（一九五八年）。岩尾の意図は「経営制度」特にアメリカ式経営管理技術の本質と役割を広く国民に知らせる方法を確立することにあった。彼は唯物弁証法の適用によって経営制度（ないし経営技術）を真っ正面から豊富に分析しうる「社会科学としての技術学」の樹立を構想した。具体的には、経営管理組織、トップマネジメント、ポリシーメーキング、分権制、内部統制、オートメーション、人事管理、労資関係管理、ヒューマンリレーションズ、企業形態、独占形態、科学的管理法、国家と企業の結合、などが取りあげられている。岩尾はこれらを「資本主義、社会主義という生産関係そのもの、あるいは、機械・生産技術そのものとも単純に同一視できない」と断じ、結局、「社会の上部構造としての経営制度」と位置付けた。

朽木と岩尾の所説は、仔細にわたれば異なる点もあったが、一括して上部構造論（上部構造説）と呼ばれるようになり、ただちに個別資本説の論者から反批判を受けることになった（牛尾眞造、野口佑、伊藤淳巳、今井俊一、三戸公、武村勇、川端久夫ら）。批判の主な点は次のようなものであった。①企業内権力を社会的公権力と混同し、企業内闘争を社会革命問題にすり替えている、②社会経済の法則的発展が客観的であるということと人間の活動が歴史を作るということとが統一的に理解されておらず、経済学と経営学に分断されている、③経営についての見解は上部構造であるが、経営行為（経営実践）は上部構造とは言えない、④上部構造が目的意識性と強く関係することは認めるとしても、それを形式的指標として経済現象と経営現象を仕分けすることは出来ない、⑤経営見解は上部構造ではあるが経営現象ではないし、経営実践、経営制度は上部構造ではなく土台である等々。

実は、これらの上部構造説は、当時マルクス主義のスターリン的段階ともてはやされ、マルクス主義者が拝跪していた独裁者スターリン（すでに一九五三年に死去していたが）の珍妙な所説に依拠していた。それはマルクスの思想や理論とはまったく異質なグロテスクなものであり、なぜこれが（独裁下ソ連国内でならまだしも）日本の地において真剣・無批判に受容されたのかは、未だに謎である。理論的には個別資本説側（これもソ連官許「マルクス主義」の影響下に置かれていたが）からの批判に到底耐えられないものであったため、上部構造説の議論はそれ以上展開されることなく、一九五六年のスターリン批判もあって、完全にこの議論は終焉した（この論争の詳細と批判的考察については、片岡信之、一九七二年、および一九七三年）。

上部構造説は消滅したが、個別資本説ではアメリカ経営学をはじめとする経営学の具体的内容（組織、管理、管理技術、企業形態など）に肉薄する事が出来ていないという上部構造説が突きつけた批判は、個別資本説の伝統的な理論的弱点を衝いたものであった。そこで、個別資本説としては、新たにこの問題に答えを出すことを迫られた。これに関しては多くの論者がその後に発言することとなるのであるが、ここでは最も多くの発言を華々しく行った三戸公（一九二一―）に代表させて、その後の個別資本説の展開を見よう。

三戸は「個別資本運動説の展開」という報告を日本経営学会大会でおこない（一九五六年）、師馬場克三の五段階説をあらためて紹介し、《中西―北川理論の抽象性を批判するのならともかく、馬場説では上部構造説が批判する《個別資本の具体的把握》の道が切り開かれている》と朽木に反論した。三戸は一連の論文を発表し、後に『個別資本論序説』（一九五九年）にまとめて上梓する。彼によれば、馬場五段階説は高く評価されるべきものであるが、ただ「使用価値規定」と「独占規定」を欠くが故に未だ不十分だとした。

「独占規定」というのは、馬場五段階説には「資本主義の現段階における個別資本＝独占的個別資本」という規定が欠けていて、個別資本概念の具体化がなお不十分だとする立論であった。独占資本主義段階の個別資本を想定してこそはじめて、管理活動の重要化、企業の継続企業体化など、経営学成立の基盤が出来るというのである。

「使用価値規定」とは聞き慣れない言葉であったが、三戸はそれで何を言おうとしたのか。まず、三戸は価値と使用価値との関係について、次のように奇妙な見解を示している。《価値は非感性的なものであるから、個別資本という価値を具体的に把握するには、価値を担っている感性的な使用価値を媒介にするしか方法がない。したがって、価値を具体的に捉えようとすればするほど、使用価値を具体的に把握しなければならない。使用価値の把握を欠いては、価値の把握は絶対に出来ない》と。そして次のように主張する。《従来個別資本説があまりにも価値的・経済学的に過ぎると言われてきたのは、価値論や経済学の理解の基礎が間違っていたからである。価値的・経済的なものを積極的・具体的に把握するために、使用価値的・技術論的なもの＝経営技術・経営組織などを取り入れるのは理の当然である。（馬場克三五段階説のように）個別資本の価値的規定の範囲にとどまっている限り、経営技術・経営組織などの使用価値範疇のものを具体的に分析し批判する足場は築き得ない。同様の意味で、中西や北川の理論的欠陥は個別資本概念の抽象性にあったのではなく、使用価値規定の捨象にあったのである》と。三戸によれば、労働組織も管理労働（管理組織）も「使用価値範疇に属するもの」である。「経営技術」も使用価値範疇に属する。経営技術は利潤追求技術という意味では「価値的」にも一括規定出来なくはないが、具体的・現象的に捉えようとすれば購買・生産・販売・財務の諸技術として「使用価値的」に考察しなければならない、という。

三戸の立論は、多くの論者の批判的発言を生んだ。主要な点を挙げれば、①三戸の議論がマルクス経済学の価値形態論での初歩的誤解・誤謬に基づいており、価値形態論がそもそも欠落しているという問題点（別府正十郎、浅野敞、西郷幸盛）、②商品の二重性を個別資本の二重性、経営組織の二重性、管理労働、等々に安易に引き延ばして発想することの問題点（角谷登志雄、西郷幸盛、別府正十郎）、③生産技術が利潤追求に奉仕するときには経営技術に転化するとする見解の問題性、④個別資本と経営技術とが用語上は区別されながらも、論理的・実質的には区別されていないことの問題点（川端久夫）[3]、⑤個別資本運動の基本矛盾を価値と使用価値に還元し、賃労働―資本関係として捉えていない問題点（角谷登志雄）、⑥「独占規定」の立論に際しての論理的規定と歴史的規定との混乱という問題点（植村省三、篠原三郎）、などであった。

三戸の議論は、上部構造説に対する個別資本説側からの最も積極的な反論であった。しかしながら、マルクス『資本論』に依拠し、『資本論』の用語法を使用して論じたにしては、彼の議論は『資本論』とはあまりにも異質なものであった。彼が個別資本説において組織・管理・管理技術等を豊かに研究しうる手がかりとして強調した使用価値規定なるものは、『資本論』の出発点での価値形態論についての誤解ないし無理解[4]に基づくもので、到底批判的経営学の方法論的基礎になるものでなかった。それ故、彼は使用価値側面と価値側面の統一的把握を言葉としては言うが、論理的・理論的・具体的に統一した理論を展開できていない。三戸がのちに具体的に展開した『経営学講義』（一九六四年）を見ても、両側面の統一的把握をした書であるとは到底言えない。その意味で、依然として、個別資本説と組織・管理・管理技術等との関係付けの方法論問題は、未解決のまま残った。

日本の批判的経営学がこのような混迷した論争を続けているとき、ソ連邦では一九五二―五五年にかけて、企業経済学の成立をどのように根拠づけるかという論争が行われていた。海道進はこの論争を丹念に追いながら、それを単に社会主義企業経済学方法論研究に留めず、資本主義企業の経営学方法論にも示唆を与えようという意図で研究していた。海道の研究から引き出しうる方法論的集約点は、概ね次の点にあった。①企業経済学は企業の生産関係の側面を研究する、②それは、企業内部の構造的特質、管理や組織の細部を研究する（この点が、政治経済学や部門経済学との差違であり、この学問の成立根拠を示している）、③企業経済学は企業の生産諸関係の内部を貫徹している客観的法則性を研究する、④それは経済科学、法則科学、歴史科学であり、技術学ではない（一九五八年、一九六一年）。しかし、海道はこの議論をもって、日本の経営学方法論争の議論に積極的に入っていくことはしなかった。また、彼の議論は抽象的レベルにとどまり、経営学を内容的に展開することもなかった。そのためもあってか、彼の議論は殆ど注目されないままに放置された。

この議論を後年、日本の経営学方法論争の領域に積極的に持ち込み、さらに内容的に具体化していこうとしたのが片岡信之であった。彼は研究対象を企業の生産諸関係と規定しつつも、海道の基礎にあったソビエト・マルクス主義とは正反対の批判的立場から、換骨奪胎をしようとした。そして、個別資本と組織・管理・管理技術という従来の方法論争の中で問題となってきた問題領域を企業生産諸関係の重層構造として具体化してスケッチし、その企業生産諸関係重層構造の上に企業上部構造があるというイメージを描いた。このスケッチの狙いは、①従来の個別資本説が使用価値的側面、生産力的側面等の範疇で捉えていた組織・管理・管理技術が企業生産諸関係そのものの一部である事、②従来の上部構造説で上部構造と捉えられていた組織・管理・管理技術は生産関係として捉えられるものであり、企業上部構造というものはそれ以外のところにあり、それは企業内規定・規則・規範、さらには外的規制である諸法律等の、（観念的に対象化されたりナマのままで情報共有されている）外化・対象化された観念的諸形態（共同幻想）であるとし、従来の個別資本説と上部構造説の双方の立論を批判したのであった。それによって、個別資本、組織、管理、管理技術、上部構造のそれぞれの位置づけを明確にすることが意図されていた。片岡は生産関係を労働（＝活動）の交換と捉える。活動の交換には生きたままの活動の交換（結合労働）＝組織や管理もあれば、生産物の上に対象化された過去の結合労働（死んだ結合労働）＝商品・資本もある。そして、両者が統合された形が企業の生産諸関係の総体を構成しているが、商品・資本も組織・管理も、本質的には生産関係として同質性・同一性を持っている。社会経済の場では商品関係、資本関係として物象的諸関係が人々の社会的活動を相互に結びつける上で重要な形態（物象的市場諸関係）となるが、企業内では個別資本（過去の・対象化された結合労働）という物象的価値存在の上に組織・管理という生きた結合労働の諸関係が、個別資本（過去の結合労働）の価値増殖運動に制約された形で形成され、生きた労働を絶えず対象化した労働に転換している。こうした企業内や企業間の活動の交換の総体が社会経済（的生産諸関係）を作り上げていく。資本主義企業内で組織されている生きた結合労働（＝組織）は、労働力として購入されて剰余価値を生んでいる労働者達の労働形態である。この労働の産物である商品が使用価値と価値とを内包することはいうまでもないが、しかしこのことは、組織が本質的に使用価値的・技術的なものだとか、組織が使用価値的組織体と価値的組織体の二者からなっているとか立論する根拠にはならない。

要するに個別資本説とは、基底に個別資本という物象的社会関係が置かれ、その上に展開される生きた結合労働の組織・管理が（厳しい競争関係に置かれた個別資本の価値増殖要請という物的強制に規定されながら）形成・再編され、同時にその形成・再編のあり方の工夫・効率化が逆に価値増殖にどのような効果を上げているかを相互関連的に見ていく立場の学説であると、片岡は捉えたのである。個別資本の運動形態・機能形態と呼んでもよいし、企業生産諸関係の運動形態と呼んでもよい。この視点によって初めて、個別資本と組織・管理・管理技術の統一的把握[5]、価値と組織の統一的把握[6]、経営活動と（その写像としての）会計の統一的把握が可能となる[7]。

第五節　おわりに――批判的経営学の現在――

一九五〇年代まではまだ矛盾の表面化を抑えてきた社会主義諸国も、六〇年代から諸問題が隠しようもなく露呈し始めてきていた。集権化体制下の投資非効率化、技術革新の立ち後れ、経済成長率の低下、需要多様化と集権的計画との矛盾、生活水準の低迷、巨額軍事費の負担、一党独裁体制と政治的自由・民主主義の抑圧、巨大権力と経済格差、社会主義国内部および相互間の矛盾露呈（スターリン批判、ハンガリー動乱、中ソ対立、プラハの春とチェコへの軍事侵攻、ソ連のアフガン侵攻、中国の大躍進政策や文化大革命による混乱、中越戦争）など、本来は主体的で平等な人々の自由な連合の豊かな社会を目指すというマルクス本来の社会主義理念とはまるで正反対の社会であることが白日の下にさらされ、社会主義に対する希望はもはや消えていた。社会主義国とは《単に共産党が政権を取って社会主義国と自称している独裁国》と見なされるようになり、「現存する（いわゆる）社会主義」と、言外に本来の社会主義とは異なるものである事を暗示する言い方で呼ばれるようになった。やがて、東欧の共産党政権は、一九八九年以降にドミノ的に自己崩壊し、ソ連も一九九一年に解体され、資本主義に復帰した。中国はかつて厳しく批判していた市場経済を余儀なく自ら取り込み、社会主義市場経済と自称する実質上の資本主義（党官僚支配の国家資本主義）になり、諸矛盾（農民工などへの過酷な搾取、拡大一途の貧富格差、失業問題、資源・エネルギー・食糧問題、環境問題、少数民族抑圧問題、各地での暴動）を抱え、言論統制や排外的ナショナリズムで民意をそらしている。

このような状況の中で、かつての批判的経営学の議論はまったく勢いを失っていった。議論の数も減り、多くの論者はマルクス・レーニン主義（＝マルクス主義の一亜流としてのロシア的に歪曲された教条）を捨て、ついでにマルクス主義そのものを口にしなくなった。(8) それに代わって、今や「市民」主義が一定の人気を得てきている。このような方向転換の際にどのような理論的総括が行われてそうなったのかは、かならずしも明らかではない。

かつて片岡は、ソ連崩壊直後の一九九五年に、批判的経営学の動向を回顧し、現状について厳しく批判をしたことがあるが、状況は今も基本的に変わっていない。現在の状況は、資本主義社会や「現存した（する）社会主義」がともに、マルクス主義本来の批判精神で分析されなければならない諸問題状況を山積しているにもかかわらずである。仮にマルクスが生きていたならば、特に現存社会主義に対しては、仮借ない批判を浴びせたであろう。

このような理論的現状に至った一つの原因として、経営学分野では、中西寅雄の価値・使用価値で仕分けする原罪的発想の思考枠を破れず、専らその枠内で方法論議をして来た過去の怠惰な理論活動が挙げられる。(9) この学派は、その意味で、単純化して言えば、方法論的には、中西の呪縛・原罪に縛られ続けて来た不毛な歴史(壮大なるゼロ)であった。それゆえ、現実を批判的に分析するのに有効な理論的基礎や体系を、ついに一度も提出できなかったのであった。

(片岡　信之)

注

(1) 中西はリーガーの「企業」・「経営」概念を受容し、大きく影響を受けている。一見してマルクス的論理展開と見える彼の『経営経済学』の章別構成は、第一章方法論、第二～第三章経営論(個別資本の生産過程、流通過程)、第四～第六章企業論(個別資本の循環・回転、財産・資本構成、株式会社)として括り直してみれば、リーガーの焼き直しとみることが出来る。

(2) 今日仔細にみてみれば、彼の議論は、用語法をマルクスに依存していたとはいえ、全体としてみれば、マルクスの議論とは異質のものであった。

(3) 職務給、作業組織はもとより、機械、仕入商品、会計帳簿などをふくめた一切の個別資本構成要素が、営利目的に奉仕する手段たることを根拠として、経営技術に包摂されていると、川端久夫は批判している。

(4) 価値を具体的に捉えようとすればするほど、使用価値を具体的に把握しなければならないという三戸の所説は、たとえば利潤、利子などの具体的形態は、価値関係の中で価値形態の展開として把握されるというマルクスの視点や議論とは、まったく異なるものであった。三戸はこの初歩的誤解の上に立って、価値＝抽象的・本質的、使用価値＝具体的・現象的という、珍妙な振り分けを行い、経営現象分析の基礎的理論の枠組みにしたのであった。《経営技術は利潤追求技術という意味では「価値的」にも一括規定（抽象的・本質的規定）が出来なくはないが、具体的・現象的に捉えようとすれば購買・生産・販売・財務の諸技術として「使用価値的」に考察しなければならない》という三戸の基本スタンスはここに由来していた。

（5）既述のように、この両者の統一的対象規定と統一的把握はどのようにして可能かという点は、第一編で述べた馬場敬治・山本安次郎をはじめ同時代の経営学者の殆どを悩ませた方法論上の一大問題であった。同様に、個別資本説の諸論者を悩ませた伝統的な主要論点でもあった。片岡の方法論はこの点も意識して、組織・管理の効率化、合理化の手法が如何に労働対象化に影響し、価値増殖の増減に影響を及ぼすかという、価値と組織との統一的把握を進める方法論になり得ると考えたのである。

（6）これは、ドイツ経営経済学とアメリカ経営管理理論の流入以来、日本の経営学者達の殆どが共通して強く意識していながら解決困難な問題意識であった。例えば、本書「第一編　経営学を構想する系譜」収録の馬場敬治、山本安次郎らの議論を参照されたい。

（7）片岡の議論は今日、坂本雅則によって継承され、批判的実在主義（Critical Realism）という新たな方法論の導入を伴いながら、さらなる展開を見せている（坂本雅則『企業支配論の統一的パラダイム―「構造的支配」概念の提唱―』文眞堂、二〇〇七年）。

（8）日本のマルクス主義はソ連型マルクス・レーニン主義として入り、それはマルクス主義のヨリ発展した段階として理解されていた。さらに後にはマルクス・レーニン・スターリン主義とか毛沢東主義とか、時代の政治状況の中で、先行理論よりもヨリ高い段階と評価されるものが政治主義的に次々と登場した。それ故、ヨリ高い段階の理論が間違っていたとして放棄するとすれば、ヨリ低い段階であるはずのマルクスの原典そのものの放棄に繋がったのは、必然の動きだったのであろう。

（9）マルクスは、決して、価値と使用価値という視点を中心に据えて『資本論』全三巻を展開したわけではない。また、価値問題を具体的に把握するために使用価値を詳細に研究するなどということは、彼の理論ではあり得ない議論であった。

第二章　中西寅雄

――個別資本説における「原罪」的枠組み――

第一節　はじめに

周知のことであるが、近代経営学はアメリカ経営学とドイツ経営学とに大別できる。アメリカ経営学の場合、企業経営上の実務的な問題解決に力点があり、方法論上の統一性がないのに対して、ドイツ経営学の場合、二度の方法論争を経つつも、統一的理論が生まれたとは言い難い状況である。このようなことを念頭に置きつつ、日本における経営学説史を俯瞰した場合、批判的経営学というのは日本独特の学説として存在する。

では、批判的経営学とは一体、どのような特質を持った学説なのだろうか。批判的経営学における経営学説も数多くあり、すべてをとり上げるわけにもいかないし、その必要もない。本章では批判的経営学の起源とされる中西寅雄の学説を批判的に吟味することで、批判的経営学が想定する問題状況（経営学の対象規定問題）とそれに与えた中西説の功罪について考えてみたいと思う。

第二節　吟味される論点

筆者が批判的経営学における学説に関して論じたのは今回がはじめてではない。拙稿で議論したことを必要以上に繰り返さないために、まず拙稿(1)では、何を、どこまで論じたのか、を簡単に振り返ることにする。

次に、本章で吟味されるべき論点を明示する。そして、方法論的枠組みという観点から、中西説が批判的経営学において占める学説的意義を提示したい。

一　批判的経営学の全体状況

拙稿「位置付け（1）」では、既存学説において、近代経営学（アメリカ経営学にしろドイツ経営学にしろ）というのは一定の現象面における精緻な説明ではあるが、現象の背後に実在する原因・根拠を系統的に問わない傾向があることを指摘した。即ち、近代経営学は経営諸現象を引き起こす「本質」を方法論的に抉り出しえないために、その展開はせいぜいのところ「技術的処方箋の基礎理論」でしかないという、共通する「方法論上の問題点」があった。

このような学説状況において、アメリカでもなくドイツでもない日本で、批判的経営学が出現した。批判的経営学は、マルクスの社会認識を応用することで、経営学の研究対象である「企業に関する本質規定＝企業に対する原理的な把握」を行い、「部分的経営諸現象」の説明に終始せざるをえない近代経営学説を止揚しようとする。批判的経営学は、問題意識としては近代経営学の方法論的問題点を乗り越えようという意図があり、本章で扱う中西説は批判的経営学の主流派である個別資本説のまさに起源と位置づけられる学説である。

拙稿「位置付け（1）」では、中西説は個別資本学説における中核的論点である「個別資本」規定に関する基礎的解釈・枠組を提供することになってしまったことで、その後の方法論的枠組・学説展開を悪い意味で規定してしまったと評価した。

筆者の中西学説に対するこの学説上の位置付けは今も間違っているとは思っていない。しかし、前出の拙稿三部作における目次を見てもらえればわかるように、拙稿における論点は批判的経営学における諸学派の全体的配置状況、特に片岡生産諸関係説の方法論が持つ位置付け・到達点に力点があり、中西説それ自体を詳しく批判的に吟味したわけではなかったし、またそうする必要もなかった。

二　本章の論点

そこで、本章では中西説それ自体に焦点を絞り込んだ議論をしたいと思う。もちろん言うまでもないことだが、中西説以後、個別資本説内で多くの学説が展開されており、それは拙稿でも触れた。しかし、中西説はその後の個別資本説の方法論的膠着点を典型的に表出していると判断しているために、本章では中西説だけを集中的に取り扱うことにする。

焦点の絞り方であるが、訓詁学的に中西説の個別の細かい論点を中西以後の学説のそれと比較することは可能であるし、必要なことでもあると思う。しかし、本章の題名にもなっている「学説的位置付け」とは「方法論上の到達点」という意味であるから、個別論点を扱う場合も、この観点から、必要な範囲でとり上げる。即ち、当該論点が、中西説の方法論の到達点を象徴しているかどうか、がとり上げるか否かの分岐点となる。

このことは中西説の方法論と中西以後の学説のそれとの比較をする場合も同様で、単に中西説よりもあとに議論されたから中西よりも方法論的到達点が高いとも思わないし、そういう理由だけではとり上げない。また、中西説とは違うテクニカルタームを使ったからという理由でももちろんとり上げない。あくまで方法論的到達点に力点があるわけであるから、到達点として中西説を乗り越えていると判断できる範囲でとり上げる。

即ち、「個別資本と企業における経営現象との結びつきを方法論的にどのように把握するのか」という論点こそが方法論上の中核論点であり、個別資本説において、その解釈を生み出した起源が中西説である。

以上のことから、「個別資本」をどのように規定し、企業における経営現象を個別資本との関連でどのように位置づけるのか、が方法論の観点で最重要課題となる。

このことを念頭に置きつつ、本章で議論される具体的論点は、中西説が「個別資本」に関して、論点①どのような問題提起を行ったか、論点②具体的にどのような記述内容を展開したのか、を主な議論内容とする。なお、紙幅が許される範囲内で、論点③方法論的枠組みとして、中西説を越える学説はあるのか、についても触れたいと思う。

第三節　中西説による「個別資本」概念の問題提起

批判的経営学における個別資本説というのは、「企業に関する本質規定」を「個別資本」であるとし、その具体的な現象こそが企業における経営現象であると解釈する理論的立場である。その起源として中西説があるわけだが、中西は「個別資本」をどのようなものとして解釈するべきであると問題提起を行ったのだろうか。ここで扱うのは先に触れた論点①に関するものである。

「個別資本」に関してどのように問題提起を行ったのかは彼のいう「経営経済学」の対象規定と関連している。中西の社会的存在論がどのようなものであるのかを見ておかなくてはならない。

中西によると、理論経済学の研究対象は社会経済の運動法則の解明であり、それの十全たる解明のための必要不可欠な構成要素、媒介として「私経済」がある、と位置づけている。[2] 存在論としては、「社会経済」を構成するのが「私経済」であり、それを探求する学問が経営経済学であるという。

では、ここでいう「社会経済」で意味させている内容（社会的存在）はというと、「資本家的生産諸関係」であるという。単なる商品生産が存在する社会における生産上の関係を意味するのではなく、労働力までもが商品化した、商品関係が全面化した商品生産社会が想定されている。

即ち、「人類が物質的生産に於いて相互に取り結ぶところの社会的諸関係」の近代的形態を意味する[3]。なお、中西がここで言っている「社会的」というのは、物質的生産を成り立たせる「人と人との関係」のことであり、「素材的富の生産」「使用価値の生産過程」は「人と物との関係」の工芸学であるとして排除され、「資本家的生産関係」に含まれていない[4]。

資本主義が高度に発達した近代社会では、「交換」とは「商品の交換」を意味し、これを通じてのみ、生産過程が成り立つ。個々の経済主体間の関係も、人と人との直接的なものではなく、商品を介したものになるという。

商品関係が生産関係として全面化した社会になると、どういう特質が社会に生まれるのだろうか。すべての経営資源が商品として交換可能であるという条件、特に労働力までが商品化してしまったという条件が出現してしまったことで、商品関係を通じて、投下された貨幣を増殖させることが可能となるのである。言うまでもなく、労働力の価値と労働力が生み出した価値との差が増殖した価値であり、資本家がそれを取得するというオーソドックスなマルクス主義の議論である。

このような剰余価値の出現を説明する範囲内で、中西は労働力商品をはじめとする経営資源を調達する流通過程、それらを利用して剰余価値を創出する生産過程、販売することで創出された剰余価値を実現する流通過程、の分析を行っている[5]。

こうして、「資本」を「剰余価値を生み出す価値」と定義し、そこには「資本家的生産関係」という「労働力までが商品化した社会条件」が反映していると主張する。そして、資本の直接的生産過程、流通過程、再生産過程の運動法則が「社会経済」の研究対象であるという。

では、このような「資本」規定を通じて、中西は社会総資本と個別資本をどのような存在として展開するのだろうか。ここがまさに個別資本説の中核論点である。

資本とは「運動」であるから、社会内のさまざまな領域で展開され、個別企業レベルでは「個別的資本の運動として顕現」し、「それら相互の縺れ合いに於いて社会総資本の運動」を構成するという[6]。即ち、マルクスの記述と商品資本の循環過程の分析を通じて、個別企業レベルにおける特質である個別資本の増殖運動と、個別資本運動間の競争・連携・対立関係が結果として生み出す社会全体レベルで起きる特質である社会総資本の増殖運動とでは異なっていると主張する。具体的な問題としては、前者の個別資本が「商品の生産量と費用との関係」「資本の回転速度と費用との関係」を対象とする一方で、後者の社会総資本は「恐慌、利潤率平均化、商品価値の平均価格化、利潤率低落の傾向的法則」などを対象にしているという[7]。

ここで出てくる「個別資本」が「社会総資本」とどういう意味で異なるのか、が重要であることは言うまでもない。中西は「全体と部分の論理」を使ってこれら両者を説明する。

まず、「全体と部分との関係」を表す類型を三つ提起する。一つは、「部分」が「全体」に対して先行すると考える見解であり、これだと「社会総資本は個別的資本の算術的総和」になるという。今風に言えば、「関係」ないし「構造」が持つ因果的作用を無視した主体決定論になるというわけである。

二つ目は「全体」が実在であり、「部分」は全体から生み出されるという見解であり、今風な言い方をすれば構造決定論ということになるだろう。

三つ目はこれら二つの折衷で、全体と部分が同時に与えられるという見解である。中西によると、このロジックは実質的には「全体」が「部分」ということを意味してしまっており、論理的矛盾があるという。今風にいえば、中間還元論ということになろう。

中西によると、これら三つの既存の見解はどれも「社会総資本」と「個別資本」との関係を表現するものとして不適切であるという。そうではなく、「社会総資本」と「個別資本」との関係は、（1）相互予定的（互いに相手の側を予定している）、（2）相互独立的であり、相互依存的、（3）部分は相対的独立性を持つ、を特徴とするという。

即ち、「全体」としての「社会総資本」において、「部分」としての「個別資本」は分化発展する。構成部分である「個別資本」は統一体としての全体である「社会総資本」に総括される。「個別的資本は社会総資本の独立化された部分であり、社会総資本に対立的なものである限りに於いて、それは社会総資本とは異なる」という。

このような社会総資本と個別資本との「存在論」を展開した後に、中西は個別資本の特質をどのように「認識」するのかというと、「個別資本」は「社会総資本」から相対的独立性を保持しているが、全体としての社会総資本に総合統一させられるので、個別資本は社会総資本を認識するための不可避な過程にすぎないと評価する。こうして、「個別的資本の運動法則を対象とする理論的私経済学は社会総資本の運動法則の闡明《せんめい》を究極の任務とする社会経済学の一分科として之に包括せられる(8)」ものであると規定することになる。

「資本家的生産諸関係」という対象規定は維持しつつ、即ち、「社会総資本」との関連は維持しつつ、資本運動の「個別性」がそれ自体として対象であるというのは、一体、具体的に「どういう状況」を意味しているのだろうか。ここで使われている「全体」「部分」「相対的独立性」という言葉は、この段階では中西説の読者によってどうとでも解釈可能である。中西自身の意図としてはわざわざ「全体と部分との関係」に関する三つの先行する立場を批判的に持ち出した後に自説を述べているので、自らは第四の立場を標榜しているつもりなのだろう。ただ、「理論的に説明しようとしたこと」と「それが実際にできたこと」とは当然まったく違う。

中西がいう個別資本運動を説明するための「必要な範囲」とは具体的に何を指しているのだろうか。その中核的な部分の記述を確認しなければ、中西のいう資本運動の「個別性」の具体的中身が何かを確定できない。この作業は『経営経済学』の第2章、第3章、第4章が具体的内容として位置づけられているので、この部分を実際に分析してみよう。

なお、中西の主著は周知のように『経営経済学』『経営費用論』の二つである。本章では、基本的に前者を利用する。その理由は、前者が最も中西の理論的スタンスをよく表しており、そのことは中西自身も認めているからである。[9]

第四節　中西説の展開内容

章立てを見てみよう。第2章、第3章、第4章、第5章とそれぞれ「個別資本の生産過程」「個別資本の流通過程」「個別資本の循環とその回転」「財産及び資本の本質とその諸構成」となっており、中西の意図としては、個別資本の運動形態が具体的に展開されていることになっている。

一　各章の概要

まず、マルクスの記述を引用する形で、個別資本の生産過程は使用価値の生産過程であるという労働過程の側面と、価値増殖過程という側面の統一体であるという、いわゆる二重性論を提起する。そして、この二重性の各々の単位体に「経営」概念と「企業」概念を重ね合わせる。即ち、労働過程における経営諸資源を統一する単位体、使用価値生産の単位体が「経営」であり、これらはある特定のものとして考察されるので「技術的範疇」であるという。「人と人との関係」ではなく「人と物との関係」であるというわけである。(10)

他方、価値増殖過程を担う単位体は「企業」であるという。即ち、「価値」というのは商品関係の全面化を基礎に形成されるものであるという意味で、社会的・歴史的範疇であり、資本の増殖上の機能的単位体が「企業」であるというわけである。

このように「経営」と「企業」とを規定した後で、マニュファクチュア・工場制度・テイラリズム・フォーディズムが議論される。

中西が「経営」の領域を議論するのは、最終目標としての「企業」の運動法則を解明するための「必要な範囲内」での話であった。「企業」は価値増殖過程を担う単位体であるから、剰余価値の創出が重要になることは言うまでもない。

剰余価値率を増大させるためには、(1)労働時間を絶対時間数を増大させるやり方、(2)同一時間内でより多くの労働量を生み出させる方法、(3)労働力の価値を低減させる方法、の三つあり、マニュファクチュア、工場制機械工業、賃金制度、テイラリズム、フォーディズムを「労働の生産性と労働の強度の増進という観点」で、具体的には機械充用の方法、賃金支払の方法、労働組織の方法として分析することで、「個別資本」を説明しようとする。(11)

まずマニュファクチュアについて、いくつかの具体的形態を挙げながら、①労働方法の単純化、②労働過程の時間的空間的間隙の排除、③道具の単純化と多様化、という特質を指摘して、剰余価値が増大させられるという。

次に工場制機械工業については、マニュファクチュアの手工業という技術的狭隘性が突破され、動力機・配分機・作業機といった機械の種類とその結合体としての機械体系や装置体系の具体的例証を行うことで、工場の機械化の深化を暗示しながら、労働の生産性の増進と労働強化が進行することで剰余価値が増大させられると指摘している。

さらに賃金制度であるが、生産方法の改変をすることなく、労働強化をする方法として、請負賃金・割増賃金（ハルセー制度・ローワン制度）などの具体的内容が記述され、その流れの中で、労働組織の方法と賃金制度を組み合わせた労働強化の方法として、テイラーシステムとフォードシステムがとり上げられている。

テイラーシステムに関しては、①標準課業の設定のために時間研究・作業研究がなされたこと、②標準課業を達成させるために、作業を計画と執行とにわけた職能別職長組織の創設、③標準課業の達成如何による差別賃率制度の導入、とテイラーシステムの主要要点が拾われている。

さらにフォードシステムに関して、テイラーシステムに関する論点と同様、①生産物を標準品、②賃金引き上げと製品の値下げ、③収益は配当と利払いでなく、再投資に回す、④不断の合理化と生産設備の不断の拡張、⑤垂直統合の出現、⑥原材料から販売までの一大産業体へ進化、⑦労働組織の物化と濃化の進化、などの主要論点が列挙されている。(12)

次に個別資本の流通過程に関する中西の記述を見てみよう。流通過程を構成する市場として、商品購買市場（原材料と生産手段）と労働市場と販売市場をとり上げている。

原材料の調達形態を四つに、労働手段のそれを五つに類型化し、当時の各種産業（紡績業・製糸業・製糖業・製鋼業・造船業・機械製造業・石油業・織物業・製紙業）などを考察し、どの類型に当てはまるのかを考察している。また、労働力の調達形態に関しては、労働力商品の特質に関する一般的説明を行い、紡績業・製糸業・織物業・造船業・鉱業などの募集形態を具体的に考察している。(13)

流通過程である販売過程に関しては、担い手を三つに、販路を四つに類型化し、砂糖販売、織物販売、綿糸販売、レーヨン販売、銑鉄販売、石炭販売、鉄道車両販売の考察を通じて、具体的な販路状況を分析している。

第4章の「個別資本の循環とその回転」においては、具体的に、総資本の回転率、在庫回転速度、売上債権の回転速度、仕入債権の回転速度、固定資本の回転速度の産業別の変化を描いている。

第1章の「財産及び資本の本質とその諸構成」においては、当時の中心的産業とそこにおける大企業の会計学上の財産構成をとりあげ、固定資産と流動資産の比率や流動資産それ自体や資本構成が、景気変動によって具体的にどのような変移を呈するのかを描出している[14]。

二　記述内容の批判的吟味

中西が問題提起したのは、資本運動が社会全体レベルで起きるのとは相対的に独立した形で展開されるというマルクスの指摘であったから、中西の具体的記述は、マルクスのいう「個別資本」の具体的な展開のはずである。即ち、ここでチェックしなければならないことは、中西が実際に行った記述内容（生産過程にしろ、流通過程にしろ、資本循環にしろ、財産および資本構成の推移）が、問題提起どおり、「個別資本」ないし「資本運動の個別性」の説明になっているのかどうか、である。

まず、生産過程に関する記述内容から批判的に吟味してみよう。

具体的に生産過程をとりあげながら、資本運動が個別に展開されるプロセスを説明しようというのであれば、マニュファクチュア、機械制大工場、各種賃金制度、テイラーシステム、フォードシステムのいずれの「経営」制度でも良いが、なぜ当該時期に当該地域の当該企業がこれらの制度を採用し、他の時期、他の地域、他の企業では採用されなかったのか、もしくは時期がずれるのかなどが具体的に説明できていなければならないだろう。

このような課題に対して、中西はどのような説明を対峙させているのだろうか。テイラーシステムがなぜ一九世紀末のアメリカ企業ではじめて導入されたという点に関する中西の記述を見てみると、テイラーシステムの主要な要素を列挙したのち、①大量の移民が不熟練労働者として労働市場に参入していたこと、②従来の労働者の賃金が比較的高かったこと、③大量生産を基礎に世界市場に対抗しなければならなかったこと、等を挙げているだけである。中西は、テイラーシステムの諸要素と当時の市場状況とを併記することで、資本運動の個別性が説明できたと考えているわけであるが、もちろんこれでは説明したことにならない。

一九世紀末のアメリカの機械工業における個別企業が置かれていた状況を振り返ってみよう。大量生産体制を実現することで、競争に打ち勝つということが、当時のアメリカにおける機械企業という「個別資本」にとって資本蓄積をする上での戦略的課題であった。そして、この課題を達成するためには、手工的技術基盤を持つ親方的熟練工たちの高賃金を打破しなければならなかった。テイラーシステムを構成する時間研究・動作研究・職能別職長組織等は、熟練工たちの権力の基盤を掘り崩すための具体的方策であり、それができなければ個別企業レベルの資本蓄積競争で負けるわけである。

即ち、手工的熟練を解体し、経営側が剰余価値の創出方法を奪取・統制し、熟練工を大量の不熟練労働者で代替するということが必要だったのである。このようないわゆる間接的管理から直接的管理への転換といった内容は「人と物との関係」「組織と管理のあり方」を変えることでこそ、剰余価値の創出の仕方を経営側が統制・獲得できたのだった。テイラーシステムは個別の資本蓄積の創出を獲得させるための「経営」制度として機能したのである。

このように、資本蓄積の個別企業レベルにおける展開状況とその差異を説明しようとするのであれば、当時の市場状況とともに「経営」領域を同時にとりあげ、その全体的配置状況に対して、当該企業における諸主体がどのような適応的選択活動を展開するのか、を描かなければならないだろう。

即ち、やらなければならない理論的作業は、

(1) 当該時期の各種市場状況と「人と物との関係」「組織と管理の問題」といった「経営」領域との両方を同期化させた理論的枠組みを通じて、当該企業が持つ資本蓄積を展開する上での先行諸条件の全体的配置状況を把握する

(2) 特定された先行諸条件の全体的配置状況に対して、当該個別企業に集まる各利害関係者が、各々が直面する個別諸条件の維持ないし形態転換をするために展開する適応的選択活動を把握する

ことであり、この理論的作業をすることで、資本蓄積の個別企業レベルにおける展開状況が描出可能となる。(15)

この必要な作業と比較して中西の記述を見た時、当時のアメリカ機械工業の労働市場状況と販売市場状況の記述はある。しかし、その市場状況とテイラーシステムの諸要素とが列挙されているだけで、使用価値的側面における難点（間接的管理状態）をテイラーシステムがどのような意味で転換させたのか、を説明していない。当時の機械工業における個別企業には資本蓄積を展開する上で工場内の間接的管理状況を変革するという戦略的課題があったことが無視されている[16]。なぜだろうか。

その理由は、研究蓄積がなかったという側面がないわけではないだろうが、それ以上に、間接的管理などの使用価値的側面における難点といった議論は「工芸学」の範疇だとみなされてしまうことで、中西の議論では労働市場と販売市場の状況説明と使用価値的側面の説明とをつなぐロジックがそもそも方法論として存在していないからである。たとえ、研究蓄積があったとしても、それを理論的に把握する枠組みを持たないのである。このことは中西自身が一九六九年に自らの学説を回顧した発言も考慮することでも例証される[17]。即ち、戦後のアメリカ経営管理学の研究蓄積を経たあとでも、中西は自らの方法論のロジックを変えていないし、自らの枠組みが持つ問題点自体に気がついていない。自分の方法論の問題点は個別資本の「具体化」にあったと思っており、「個別資本」の概念規定のやり方それ自体に問題があったとは考えていないのである。

当該時期における市場状況の説明と使用価値的側面を併記するだけでは、個別企業レベルにおける資本蓄積の展開状況とその差異を説明したことにならない。当該時期に、ある特定形態の市場状況に直面する個別企業は多くあるわけだから、市場状況を描くだけでは、個別に展開される資本蓄積状況を描いたことにはもちろんならない。これに「経営」領域の一般的記述を併記しても事態は同じで、単に併記しただけでは、同じ市場条件の中で、ある企業は資本蓄積に成功し、またある別の企業は失敗するもしくは相対的に弱い蓄積しかできなかったといった「個別蓄積状況とその差異」は描出できないのである。

フォードシステムに関しても同じことが繰り返されており、中西はフォードシステムの技術的な個々の細かい要素の現象的記述をしたのちに、ドイツの自動車産業と比較して、①ドイツでは電気事業以外にフォーディズムは適用できなかった、②労働力が安かった、③流動作業を行うための必要資本が高価だった、④ドイツの労働者大衆はアメリカの労働者よりも貧しかったために国内市場の需要が低かった、⑤販路としての海外市場も、ドイツの場合、狭かった、⑥原料生産から製品販売に関する垂直的統合が困難であったこと、などを列挙して[18]、なぜドイツ自動車産業でフォードシステムが導入されなかった理由であるとしている。

テイラーシステムに関する説明と同じ論法である。フォードシステムがなぜ当該時期に、ドイツではなくアメリカで展開されたのかの説明として実際に中西が行ったのは、アメリカのフォードにおける製造過程における文字通りの「工場編成の変化」に関する記述と労働市場と販売市場の状況説明との併記だけなのである。

このような併記によって、当該時期のドイツとアメリカにおける個別企業レベルで展開された資本蓄積状況の説明になっているだろうか。もちろんなっていない。先ほど述べた理論的作業を通じてしか達成されないだろう。
同じことが流通過程、循環および回転過程、財産・資本構成の変移に関する分析にもいえる。ここでも注目するべきは、中西のこれらの領域に関する記述が、中西が意図した問題提起どおりに、資本蓄積の個別企業レベルにおける展開状況を描出可能にする記述になっているのか、がポイントとなる。「概要」の箇所でも少し触れたが、流通過程の記述は、基本的には産業レベルの叙述に終始している。流通過程に関しては、当時の主要産業の市場状況の類型化を行っているだけである。いわゆる市場論分析というのが実質的に行われている考察内容である。

循環および回転、財産・資本構成の推移に関する記述も同様で、産業レベルの分析をした上で、景気変動がどのように吸収されるのかを述べているだけである。「個別性」を主張したいという意図は個別企業の記述をスポット的に組み込むことで行っているつもりなのかもしれないが、それはある特定企業の現象的記述でしかなく、各個別企業レベルで展開された資本蓄積状況（資本蓄積の個別性）の説明にはならないのである。

このように、流通過程その他の記述を見たときも、実際に中西が説明した内容は各市場の具体的形態と特定企業の現象的記述の併記にすぎず、この記述内容では資本蓄積の個別企業レベルにおける展開＝「個別性」を説明したとはいえないのである。中西説では「人と物との関係」が周到に排除されている。このことが組織や管理といった問題が原理的に流通過程と同期化されず、例えば、流通過程の具体的形態の中で、どの個別流通企業が、どの個別産業企業と連携もしくは対立したのか、どの時期に、どういう個別資本蓄積条件の変更が起きたために、戦略的提携を行ったか、もしくは解消したのか等の個別企業レベルで展開される資本蓄積状況の形態転換の説明はできない枠組みなのである。

中西が行った記述内容は資本蓄積の「個別性」を説明する上での前提条件にはなるが、あくまで「個別性」の議論の「始まり」でしかないのである。

第五節　中西説の功罪

中西が行った実際の記述は流通過程における市場状況の説明と「経営」領域の説明を併記しただけであった。では、なぜその記述をもって資本運動の「個別性」を描出できたと考えたのだろうか。先ほども少し触れたが、中西が『経営経済学』を書いた時期の「経営」に関する研究蓄積が少なかったからという理由だけではない。前項での具体的記述の批判的吟味をふまえ、ここでは中西が展開した具体的記述に関する問題点の深奥には中西説の方法論が横たわっていること、それが個別資本説の後続学説に与えた影響、個別資本説の再生等について考えてみたい。

一　問題提起と問題設定との乖離

マルクスの「資本」概念と社会認識を基礎に、中西は社会存在論として、「単独経済と綜合経済」を「個別資本と社会総資本」として捉えた。その際に、「個別資本」に相対的独立性があることを主張したのは、経営経済学ないし経営学の相対的独立性を担保する上で重要な「仕掛け」になるはずであった。ドイツ経営経済学の当時の問題状況を鑑みて、「利益追求の学」でもなく、他方で経済学とまったく同じものでもない理論的枠組みを構築したい中西にとって、マルクスの「個別資本」概念は非常に有益な発想だっただろう。

実際この問題提起が中西説を個別資本説の起源であるとの評価を生み出している側面の重要な要素である。しかし、中西の問題提起と彼が実際に展開した分析枠組みには大きな乖離がある。それを象徴している箇所が「全体と部分の論理」である。

「概要」で触れたように、中西によると、「全体と部分の論理」には主体還元論、構造還元論、中間還元論の三つあり、彼のいう論理はそのどれでもない論理を主張していた。「個別資本」と「社会総資本」との両方が互いに因果的作用を持つ実在であるとして認め、相互に影響し合いながらも相対的に独立性を持っているというものである。この存在論の提起はドイツ経営学の方法論的限界を突破しようという意図も含まれている。

しかし、中西はこの論理を自らの枠組みに取り込む際には、急転直下、「部分」とは「全体」に総括される契機でしかないと位置づけ、自らが批判した構造還元論で「全体と部分」を解釈してしまう。中西説は個別資本説をはじめて提起したと評価されてはいるが、中西が提示している実際の分析枠組みは、組織や管理といった経営現象を「工芸学」として排除し、経済学の枠組みとはまったく別ものと規定した時点で、ドイツ経営学の長年の方法論的膠着点に舞い戻っているのである。

言い換えれば、組織や管理といった使用価値的生産過程を「工芸学」としたことで、「経営」領域を「個別資本」規定から放逐してしまったことこそが、方法論的膠着点再生産の原因なのである。この放逐によって、中西説は、生産関係とは違う何かで使用価値的側面を説明せざるを得なくなるから、「経営」領域と商品関係（生産関係の一つの特殊形態）との相対的結びつきを説明できず、両者の同期化は原理的に不可能となっているのである。

中西説は、個別資本運動が企業を規定しているという主張はしているが、資本蓄積の個別企業レベルにおける展開を可能にさせる枠組みを提示できていない。その一般的評価とは違って、「個別資本」という分析枠組みの提示に原理的に失敗しており、実際の中西の記述内容がそれを物語っていた。

では、なぜ使用価値的生産過程ないし「経営」領域を、資本運動の「個別性」を規定する際に組み込めなかったのだろうか。それは、資本運動の生起にかかわる中核概念である「生産関係」概念を中西が規定する際に問題があったからである。中西は「生産関係」を物質的生産をする際に「人と人とが取り結ぶ社会的関係」と定義づけた。伝統的で、常識的な定義であるが、そのことがおそらく災いして、「人と物との関係」である使用価値的生産過程はその範疇に入らず、組織や管理といった論点を経済学とは実質的にまったく異なるものだと規定せざるを得なくなった市場状況（商品関係）と「経営」領域を同期化させる枠組みを構築できなかったことが「経営」領域を併記するだけに終わってしまう理由である。

即ち、言葉としては「個別資本」という表現を使い、その「相対的独立性」を主張し、したがって、企業は個別資本運動に規定されていると、正しくも問題提起を行ったわけであるが、「個別資本」概念を理論的に生み出している中核概念である「生産関係」を「人と人との関係」（商品関係）に限定してしまったために、組織や管理といった領域を原理的に組み込まない「個別資本」規定になっているのである。このことは、「原罪」のように、その後の批判的経営学説の理論展開を制約してしまう。

二　後続学説への影響

中西の問題設定上の失敗は、その後の個別資本説内の学説展開に大きな影を落とすことになる。中西の著作は問題提起の段階までは個別資本をある程度正当に、表現の上では提起していることが影響して、後続学説が中西説の問題設定のあり方にまで批判的吟味を到達させられなかった。後続学説の方法論的展開を簡単ではあるが見てみよう。

中西のいう「生産関係」概念規定を維持し、再設定することなく、「使用価値過程」を理論化しようとすれば、方法として二つのパターンが論理的にあり得る。一つは、生産関係とはまったく違う、関連のないものであるという議論パターンで、いわゆる「上部構造学派」がこれに相当する。中西においては「併記」することで、個別資本とのつながりをなんとか維持しようとしたわけであるが、この学派はそもそも生産関係との関連を認めないわけであるから（資本の完全一方向的規定という断言だけ）、そもそも資本運動との結びつきを前提にしないわけであり、単なる現象的な制度論となる。実質的に既存のアメリカ経営管理学と同じになり、方法論としては批判的経営学の枠組みを放棄したとさえいえる。

もう一つは中西的「個別資本」規定自体は維持して、即ち、中西の「生産関係」概念自体は維持して、中西が提起しなかった要素、「意識性」「独占性」「使用価値的側面」などの概念を追加することで、個別資本を「具体化」しようという議論である。この流れは個別資本説の主流派になった。

どの概念をとり上げても良いが、「意識性」「使用価値的側面」「独占規定」等の概念の追加だけで、資本蓄積の個別企業レベルにおける展開状況とその差異を描出できるだろうか。否である。というのも、これらの概念の追加は、市場状況か「経営」領域のどちらかの説明の精緻化にはなるが、両者を同期化させるものではないからである。中西が達成できなかった「同期化」はそのまま維持・継承されるから、当然といえば当然といえる。

即ち、これら諸概念の追加で説明可能となるのは、資本蓄積の個別企業レベルの展開状況とその差異ではなく、特定時期の市場状況か経営現象の静態的個性記述なのである。上部構造説とは違うルートではあるものの、実質的にアメリカ経営管理学と同じになるわけであるから、皮肉と言うほかない。

繰り返しになるが、「同期化」とそれを通じた資本蓄積の個別企業レベルの展開をできなくさせている根本原因は中西の「生産関係」概念にこそあり、中西が依拠している「生産関係」概念規定の再設定・再構築することなしに個別資本運動を把握する枠組みは導出できないのである。この基礎認識がなければ、「個別資本の具体化」という時の「具体化」を云々する以前の「個別資本」の概念設定に成功していないことに気がつけない。このことに気がつけなければ、「個別資本」が導出できていないのにもかかわらず、「具体化」と称して概念を付け加えていくことで、個別資本の具体化が達成できたと錯覚してしまう。しかし、どこまで行っても市場状況か「経営」領域かの個性記述的現象の描出どまりとなってしまうのである。

三　個別資本説の再生

　このように、個別資本の「具体化」の前に、「個別資本」自体を導出する枠組みを再設定できなければ、論点がずれたままで「具体化」「精緻化」に精を出すことになる。資本蓄積の個別企業レベルにおける展開状況とその差異を説明するには、商品関係が全面化した市場状況と個別企業の「経営」領域とを同期化させることができる概念操作が必要となる。

　批判的経営学の学説史の中でそれを可能にしている枠組みを提示しているのは片岡信之による「企業の生産諸関係」説である。(19) 片岡説の特徴は、「企業の生産諸関係」という名称が示しているように、批判的経営学における「原罪」に気がつき、「生産関係」概念を刷新している点にある。

　片岡説は「生産関係」概念を刷新しているわけであるから、伝統的・常識的解釈とは違うかもしれないが、重要なことは、批判的経営学の方法論的膠着点を突破させる概念装置となっているかどうか、である。

片岡説において、「生産」とは「人間労働（活動）の対象化」であるという基礎認識から、人間が自然に対して働きかける社会的物質代謝過程を「生産過程」として捉える。ここでいう「生産過程」とは経営資源の調達過程、調達された資源と人間労働を結合させる組織化過程、生み出された労働生産物を一部は消費、一部は次の調達過程へまわす消費過程、で構成される。

そうすると、「生産関係」とは「生産過程を成立させる社会関係」となり、「活動の対象化の連鎖を成り立たせるもの」となる。この基礎認識から、生産過程を表現し直せば、調達過程とは「過去の活動が対象化して累積した生産物を調達する過程」、組織化過程は「調達された過去の労働と現在の活動の結合過程」、消費過程は「過去の活動と現在の活動の結合した結果である労働生産物を消費する過程」となるだろう。

即ち、「調達過程」と「消費過程」だけでなく、「組織化過程」を成り立たせる関係をも「生産関係」として組み込んだ概念操作が施されているのである。片岡は調達過程と消費過程だけでなく組織化過程も生産関係であることを強調するために「企業の生産諸関係」というネーミングを行った。

近代においては、社会的生産の調達過程と消費過程が商品関係を通じて成立するようになる。このことで資本運動が社会的生産を規定する特質を生むわけであるが、中西説が依拠する「生産関係」概念には、原理的に「経営」領域が排除されている。流通過程が商品関係を通じてなされるという条件は、社会的生産が資本運動を通じてなされるということ（社会総資本の運動が存在すること）を説明してくれるが、資本蓄積が個別企業レベルで展開される状況（個別資本運動が存在すること）を説明してくれはしない。生産関係の常識的解釈のままでは社会総資本の概念化までは可能だが、資本運動の「個別化」に関する概念化まではできないのである。常識的解釈のままでは、せいぜい「経営」領域を併記するだけに終わるのである。

　生産関係の常識的解釈を基礎にした個別資本説は企業における使用価値的側面を生産関係との関連で説明できなかったのであり、それを可能にさせるのは「生産関係」概念を刷新した片岡説を待たなければならなかった。片岡説が出て来たことではじめて、個別資本説は、その名の通り、「個別資本」を認識可能になったのであり、新しいステージに入ることができたといえる。[20]

第六節　おわりに

　中西説が、問題意識として、企業における経営現象を資本運動の枠組みで捉えたかったことは確かである。しかし、中西説において展開された具体的記述内容を考慮したとき、中西説が学説的に個別資本説の起源と言われているイメージとはかなり異なることがわかるだろう。

　もちろん中西自身は「個別」資本運動を描いているつもりなのであるが、社会経済レベルでの資本運動（社会総資本の運動）を解明するための一つの契機としてのみ企業の経営現象を取り扱ってしまうために、資本運動と経営事象との併記で終わらざるを得なかった。中西以後のほとんどの批判的経営学者のイメージとはおそらく違って、中西自身のこの理論的スタンスは一貫していた。

「個別資本運動」を描くということは、資本運動の「個別性」「個別具体性」「個別企業レベルにおける展開」とその差異を描出できなければならない。しかし、それに対して中西が具体的な枠組みを提供し、その展開を記述できていたかといえば、それを見つけることは難しかった。

では、「個別性」を描くということは一体何を意味しているのだろうか。資本運動ないし資本蓄積が社会全体として貫徹されていることを描くことはマルクスの基本的な方法論的立場であった。しかし、批判的経営学、特に個別資本説の任務はそれではない。もちろん資本蓄積を前提にし、その意味でマルクスの到達点を活用するわけであるが、議論の焦点は、資本蓄積が個々の企業レベルでどのように展開しているのか、というマルクスが具体的には描出しなかったことを描くことにある。

中西説は「生産関係」概念に問題があることで資本運動の「個別性」を描きうる枠組みを提供できなかった。中西説以後の個別資本学説はさまざまな概念を追加させることで個別資本の具体化をはかったつもりなのであるが、中西説の問題設定自体は維持されたままであったことで、どうしても企業の経営現象を組み込んだ個別資本運動を描けなかった。中西説の問題点は個別資本の「具体化」にあったのではなく、「個別資本」の問題設定それ自体にあったからである。個別資本説の再生は、中西説の「生産関係」概念の問題点を根源的に批判し、刷新した上での枠組みである片岡「企業の生産諸関係」説の出現によって達成されたといえる(21)。

（坂本　雅則）

注

(1) 拙稿「構造的支配－権力パラダイムの学説史的位置付け（1）（2）（3）」『龍谷大学経営学論集』第四七巻第一／二号、第三号、第四号、二〇〇七―二〇〇八年。以下、「位置付け（1）」「位置付け（2）」「位置付け（3）」と表現する。

(2) 中西寅雄『経営経済学』日本評論社、一九三一年、二四頁を参照。以下、『経営経済学』と表現する。

(3) 同上書、三頁から引用。

(4) 同上書、六頁、二九頁を参照。

(5) 同上書、一四―一五頁を参照。

(6) 同上書、二―三頁を参照。

(7) 同上書、一七―一九頁を参照。

(8) 同上書、二〇―二四頁から引用。

(9) 中西に言わせれば、実践的要求にこたえるべく書いた著作が『経営費用論』である。中西寅雄『経営経済学論文選集』千倉書房、一九八〇年、二三二―二三四頁を参照（以下、『論文集』と表現）。『経営費用論』を書いた背景に個別のこのような事情を反映していることもあるだろう。しかし、中西の方法論的スタンスから言うと、論理的に『経営経済学』を超える著作は書けないと筆者（坂本）は考えている。書けるとすれば伝統的なドイツ経営学でいう価値循環に関する著作である。そういう意味でも、『経営費用論』は論理的に出てくる著作であり、『経営経済学』の立場を変質させたどころか、見事に維持しているといえる。

(10) 同上書、六九―七〇頁を参照。

(11) 同上書、九〇頁、一〇四頁を参照。

(12) 同上書、九四頁、九八頁、一〇二―一〇四頁、一三六頁、一四六―一四七頁を参照。

(13) 同上書、一五六頁、一七八―一七九頁、一八〇―一八一頁、一八四頁を参照。

(14) 同上書、二六六―二六七頁、二七四頁、二八二頁、二八六頁、二九七頁、三八五―三九〇頁、四〇四―四〇八頁、四一五―四二二頁などを参照。

（15）各市場状況を「市場的社会構造（市場における生産関係）」と、「経営」領域を「企業的社会構造（企業における生産関係）」として、Critical Realism の「構造」概念を使って分析する枠組みを、筆者は拙著で構造的支配－権力パラダイムとして提起した。本章の記述における「全体的配置状況」と「各利害関係者による適応的選択活動」とはそれぞれ拙著でいう「構造的支配」と「タイプ化された権力」に対応する。また、ここで言っている「理論的作業」の事例として、拙著第三章で戦前の芝浦製作所は間接的管理が直接的管理に転換する意義を扱っている。詳しくは拙著『企業支配論の統一的パラダイム―「構造的支配」概念の提唱―』文眞堂、二〇〇七年を参照して欲しい。

（16）Clawson, D., *Bureaucracy and the labor process: the transformation of U.S. industry, 1860-1920*, Monthly Review Press, 1980 の特に Chapter 3, Chapter 4, Chapter 6 を参照。

（17）中西『論文集』、一六六―一六七頁を参照。

（18）中西『経営経済学』、一五〇―一五一頁を参照。

（19）片岡説のより詳しい学説内容と学説上の位置付けに関する議論はすでに行っている。拙稿「構造的支配－権力パラダイムの学説上の位置付け（1）」の後半部分を参照して欲しい。

（20）片岡説を基礎に、その具体的展開を意識したのが筆者が提起している構造的支配－権力パラダイムである。このパラダイムは直接的には企業における権力事象を対象にしているが、その説明を展開する上で基礎にした企業の原理的基礎認識は片岡説を活用している。筆者は批判的経営学の学説において、方法論に関して、片岡説が最高到達点であると評価しているし、受け継がれるべき学説だとも考えている。経営学説の方法論における片岡説の位置づけは拙稿「構造的支配－権力パラダイムの方法論的位置付け（1）」を、片岡説の批判的吟味と構造的支配－権力パラダイムとの比較は拙稿「構造的支配－権力パラダイムの学説的位置付け（2）（3）」を参照して欲しい。

（21）一九七三年の片岡による「企業の生産諸関係」説は基本的には方法論の提起であり、すべての経営事象を網羅的に射程に入れたものではない。片岡方法論の具体的展開の一つは片岡自身による一九九二年の「所有と支配」事象における展開である。また、筆者が提起している構造的支配－権力パラダイムは片岡の方法論の具体的展開のもう一つであると考えている。拙著で扱ったケースの展開は、中西が展開したような記述とはかなり異なっていると思う。それは片岡の方法論に学び、企業内の組織と管理のやり方の変更を生産関係として位置づけることで、商品関係とのつながりを維持しながら、個別企業レベルで資本増殖が個別に、具体的に展開される様子を把握できたからである。具体的内容はもちろんここでは展開しないが、片岡以前の個別資本説では拙著で行ったような記述展開はできないと思う。

第三章　北川宗藏
――批判的経営学の先駆者――

第一節　はじめに――ある研究者の歩んだ道――

一　異彩・異才の足跡

北川宗藏は一九〇四年、鹿児島市に商家の長男として生まれた。一九一七年には鹿児島市立商業学校に入学し、その後一九二二年に神戸高等商業学校へ進学する。一九二六年に神戸高商を卒業した後、翌年には東京商科大学本科に入学する。三年後に同大学を卒業し、神戸高商に戻って坂西由藏の助手となる。一九三二年には和歌山高等商業学校の講師となり、古林喜樂の後任として「経営学」、「売買論」などを担当し、翌年同校の教授に昇格する。そして、一九四四年の三月に治安維持法違反容疑で検挙され、終戦後の一九四五年一〇月までの一年七カ月間の投獄中には、死をも覚悟しなければならない過酷な状況にもかかわらず、自説を曲げず頑なに独自の研究姿勢を貫き通した。そして一九四六年には再び和歌山経済専門学校の教授となり、「経済原論」と「経営学」を担当する。三年後に和歌山大学が設立され、七月に同校教授並びに図書館長となり、担当講義は「経済原論」と「独占資本主義論」であった。一九五二年に学位を申請し、すでに刊行していた『経営学批判』と『経営学方法論研究』の二冊を「経営学の基礎理論（上）（下）」として提出する。さらに一九五三年二月、学位申請参考論文「経営学の本質および類型に関する基本的考察」を提出し、同年八月には大阪市立大学より商学博士の学位が授与される。この他にもいく冊かの著書や多数の論文を著している。

北川は無類の読書家であり、それも外国文献に直接触れ、特に哲学書を原書で読むという当時としては非常に異彩を放つ経営学者であった。とりわけ多分野に亘るその研究成果が彼の学問的基盤を固めていることは、他の経営学者と大きく異なる点であろう。しかし残念ながら、彼は学位が授与された一九五三年の一二月に脳腫瘍のため、わずか四九歳の若さでこの世を去ってしまった。その北川がもしそれから後も存命し研究を続けていたとしたら、果たしてどのような研究を行っていただろう。おそらくわが国経営学の発展の中心メンバーとなり、また批判的経営学の創始者的存在となり、その分野における異才として多くの優れた業績を残していたに違いない。

では、第二次世界大戦を挟んで社会的にも学問的にも混乱した時代背景の下で生き抜いた北川が、果たしてどのように思考を巡らし自らの思想と理論を構築していったのか簡単に触れてみよう。

二　神戸高等商業学校、そして東京商科大学

北川は高校時代を鹿児島市立商業学校で過ごしたが、そこでは商業学校の生活になじめなかった。

そうした違和感を拭い去ることを期待して神戸高等商業学校に入学したが、そこでの生活も彼にとって苦渋の悶々としたものであった。そのため、卒業論文の序言に神戸高商の「合格の悲愁を感ずる」とすら述べており、その時代は勉学に対する意欲が湧かず生活も荒んでいた。神戸高商には当時、後に助手を務めることとなった坂西や経済学の丸谷喜市、貨幣論の増井光藏などの有能なスタッフが在職し、学問的環境は保証されていた。それでも北川の学問的欲求と思想的欲求を満たすものはなかった。そうしたなかで彼は次第に左右田喜一郎の経済哲学へと惹かれ、やがてそれが自らの研究対象となる。そのため左右田の『経済哲学の諸問題』を勉強し、坂西を研究指導の教官とした。そして神戸高商の卒業論文「経済学の概念構成に関する若干考察」を著した後、神戸高商を卒業してから一年間は、坂西の助手としてフックス（C. J. Fuchs）の『国民経済学』の翻訳を手伝いながら哲学書を読み続けていた。やがて神戸高商時代に研究対象としていた左右田経済哲学を学びたいという目的もあり、東京商科大学に進学した。その左右田のもとではカント哲学を学ぼうとしていたが、突然の左右田の他界により独学でカントの『実践理性批判』、『純粋理性批判』、『判断力批判』を原書で読み、同時に左右田の『経済原則の論理的性質』を読んでいる。そして、一九二八年頃にはカント並びに新カント学派などへの関心が次第に薄れ、三木清に影響を受けてハイデッガーやフッサール、とりわけ後者の現象学の研究へと関心が移っていく。その時期にフッサールの『純粋現象学と現象学的哲学のための諸構想』、『論理学研究』第一巻、第二巻などを研究していた。現象学に関し国内の研究者としては山内得立、千葉命吉の文献も読了し、実際に山内の演習に参加している。このように現象学なかでもフッサールの現象学が彼の中心課題＝研究対象となり、卒業論文として「フッセールの哲学に於ける還元の問題」を執筆した。

このような学問遍歴から見れば、北川は商業学校から高等商業学校、さらに商科大学を卒業しているにもかかわらず、経済学者ないしは経営学者としてではなく哲学者、とりわけ現象論研究者として生きる道を求めようとしたのではないか、というような疑問が生まれる。しかしこの疑問が解明されないまま、北川自身の研究の方向性に変化が生じてくることになる。

三　マルクス主義・マルクス経済学との出会い

北川は一九三〇年春以降、これまで彼が取り組んできた学問とは別にマルクスの世界へ転回していった。なぜなら、この頃にはすでに現象学への関心が薄れはじめ、マルクスの『資本論』を研究対象に位置づけるようになっていたからである。さらに自らの東京商大の卒業論文に対して否定的な評価を彼自身が行っている。その評価の理由は、フッサールが経験界―本質界―純粋現象界と現在界を三段階に分けたことが間違いとしながらも、核心的な否定は何らの批判も含んでいないことである。批判的思考の必要性、学問への批判的視点の重要性をこの時点で認識できなかったことを自己批判している。この頃より学問への批判的立場からの考察や検討の基礎が備わることになる。

このような経緯があったからだろうか、神戸高商時代ないし東京商大時代に熱心に取り組んでいた哲学の世界とは一線を画し、マルクスの世界へと傾倒していく。この傾倒について中村福治は「コペルニクス的転回」と表現しているが、それまでの哲学を中心とした研究生活を送っていた北川にとって、まさにコペルニクス的転回となるマルクス主義への関心が高まった原因は何か。中村はいくつかの要因があるとし、その一つは当時彼が関係を持った人々の影響でマルクスの『資本論』を読み出したこと、また時代背景として大不況のなか就職もできず、実家の経営も芳しくなく、神戸高商や東京商大にいても左翼活動を行う学生が検挙されるなど社会情勢が大きく変化してきたこと、さらには北川が当時、尊敬していた三木清のめざましい活躍があり、同時にそれに対する批判が噴出したこと、などが考えられると分析する。(1) いずれにせよ、北川の研究対象はマルクスの『資本論』へと移って行くが、その際にはとりわけ剰余価値論の研究を中心に据えていた。それまでの現象学に関するハイデッガーの思想と唯物弁証法を展開したマルクスの思想を結び付けようと試みているようだが、結局両者の関係は無縁であると結論づけたようである。だが、それまで神戸高商時代並びに東京商大時代の長きに亘って研究してきた哲学、とりわけ現象学との決別までには時間がかかったようであり、そのような哲学的背景を引きずりながら『資本論』の研究へと邁進していくことになる。

第二節　三つの研究分野の構造と関連

北川は二〇年余りの研究生活の中で、自らの研究活動を三つの分野で展開していったと言われている。そうした三分野は決して順序よく段階を踏んで現れたわけではなく、常に彼の研究活動の内に存在し、次第に高いレベルへと磨かれていった。また、この三つの分野はそれぞれ個別のものとして独立的に存在したわけではない。互いに密接な関連を持ち影響を与え合いながら、全体として彼の学問体系を構築していくことになる。その三分野とは哲学、経済学、そして経営学である。本節ではそれらの各分野の構造と関連について簡単に考察しよう。

一　経済哲学から現象学へ

まず哲学分野についてはどうか。前述のように、北川は最初から経営学に関心があり、それを研究しようと努力したわけではなかった。神戸高商時代の一九二六年には、「純粋経済価値の神秘性」という論文を『学友会報』に寄せており、また同年に卒業論文として「経済学の概念構成に関する若干考察」を執筆する。この卒業論文の研究対象、テーマについても、本科二年の特別試験終了の頃までは決まっていなかった。研究対象やテーマが決まっていないために、卒業論文の指導教官についても何も考えていなかったようである。紆余曲折の末、左右田経済哲学を研究対象にしたのである。

その後は左右田経済哲学に邁進して『経済哲学の諸問題』を読破し、高商の最終学年にあたる本科三年の一年間で前出の卒業論文を書き上げた。その論文で北川は「経済学は如何にして可能なりや」という問題を提起し、心理主義や批判主義の立場からその答えを見出そうとする。だが先験的心理学では彼の期待した経済学の嚮導観念が現われず、先験的論理学によって経済学の認識目的が見出されるとした。即ち、結局のところ北川の目指した「経済学は如何にして可能なりや」の答えは、経済学ではなく経済学を下支えしている論理学や哲学にあり、それらを深く学ばなければ解決の糸口は明確にならないと結論づけ、経済学と哲学の両分野に通じる左右田経済哲学を深く研究することになる。しかし、一九二六年から一年間は坂西の助手をしながら三木清の『パスカルに於ける人間の研究』も読み進め、その中に書かれていたハイデッガー、フッサールなどの哲学にも関心を持ち始める。そのため北川は、東京商大では現象学派の哲学を研究していた山内得立の演習に属し、そこでフッサール現象学の核となる還元の問題を卒業論文のテーマとして選んだ。このように経済学から哲学、とりわけ現象学に研究対象が移っていくという学問的変遷は、彼が「経済学は如何にして可能なりや」の答えを求めた結果であるが、経済学にはその解答が見つからず、カントやドイツ観念論、認識論そして現象学への道を辿っていく。

二　現象学から経営学へ

第二の研究分野は経営学である。北川は東京商大をひとまず一九三〇年に卒業することになるが、卒業と同時に就職とはならなかった。彼は哲学に傾倒して大学時代を過ごしてきたが、哲学の研究者として就職するという道は閉ざされていた。そのため卒業後、再び坂西のもとで助手を務めていたが、そうしているうちに坂西から和歌山高商の経営学の担当者としての就職を勧められた。和歌山高商で経営学を担当していた古林が神戸商業大学に転出し、その後任として北川に声がかかったのである。そこで「経営学」担当者として就職するための論文が急遽必要となり、一九三一年から三二年にかけて『国民経済雑誌』に「企業と経営」を掲載した。それと東京商大の卒業論文を修正した「フッサールの現象学に於ける還元の思想」を一九三一年に『国民経済雑誌』に発表した。これが北川と経営学の出会いであるが、その二つの論文によって和歌山高商に経営学担当の専任講師としての職を得た。翌年、『内外研究』に「経営学方法論の観念論的傾向（一）・（二）」を発表したが、これらを始めとしてその後経営学関連の論文を多数執筆するが、その内容はどのようなものであったのか。

例えば前述の「企業と経営」という論文では、生産経済という範疇を用いてそれを一つの経済単位と位置づけ、その経済単位の総和（総体）としての生産経済（全体）を形成・構成している個別資本（部分）が、単純なものから複雑なものへと動的に発展（変質）していく過程が論理的に解明されている。個人企業の段階から始まり、合名会社、合資会社、そして株式会社へと複雑化していく過程を検討する。同時に企業のみならず経営に関しても考察しているが、そこでは所有関係について所有と経営が同一のものである一人経営から、それ以上に拡大した生産経済、さらに拡大した生産経済へという発展を段階的に説明する。拡大した生産経済を企業、さらに拡大した生産経済を経営と位置づけ、それらを同一性―差別―対立・矛盾というカテゴリーに分けながら、それらの段階における経営と所有について検討している。ここに北川の独特の方法論が現れているが、それはマルクスの『資本論』、特に唯物弁証法、唯物史観を考察することにより見いだしたものであり、またヘーゲル『論理学』の本質論を基礎にした企業や経営の発展段階過程の解明でもある。

これを端緒として、さらに経営学分野において一九四六年に『経営学批判』、一九四八年には『経営学方法論研究』という北川の代表作が刊行された。前著では、ドイツにおいて規範的個別経済学を展開したシェーンプルーク(F. Schönpflug)の『個別経済学における方法問題』の方法論を批判的に検討している。その際、彼は規範的個別経済学がいかなる学問であるかを分析・解明しようとし、唯物弁証法的な認識論の立場から徹底的に批判している。また後著では、ドイツにおいて経験論的・実在論的経営学の方法論に関する古典的著書と位置づけられているワイヤーマン(M. R. Weyermann)＝シェーニッツ(H. Schönitz)の『科学的私経済学』が考察される。この著は私経済学即ち市民的経営学の生成に寄与し、市民的経営認識の科学的形態への飛躍と科学化の役割を解明しようとしたものであるが、北川は市民的経営学の学問的な存在意義と内容を批判的に検討した。さらに、アモンの経済学方法論を援用して独自の方法論を展開しようとした馬場敬治の『経営学方法論』に対し、カントの『純粋理性批判』などで展開された哲学を用いながら科学的批判を行う。最後に再度シェーンプルークの経営学方法論について検討している。このように、研究者として和歌山高商に職を得てからは、経営学分野の研究が積極的に行われる。経営学に関するさまざまな論文を刊行していくが、そこでの方法論は批判的立場からのものである。

三　弁証法を基礎とした経済学の展開

第三の研究分野は経済学である。前述のように北川は、学問の方法論として弁証法を基礎とし、経営学に対して独自の批判的立場から検討を行ってきた。同様に、経済学についても批判的検討を積極的に行う。中村のいうコペルニクス的転回によって北川はマルクス主義、マルクス経済学に傾倒するが、そのことを典型的に物語っているのが『経済学方法論』である。この著は彼の死後一九五四年に出版されたが、そこでは弁証法の内容が積極的に展開される。それまでの経済学は哲学をもとにしていても観念論の方向に導くものでしかなく、経済学の研究対象が歴史的に生成し、発展し、変化するものであることを捉えようとすると弁証法以外では理解できないとし、特に弁証法の対立物の統一法則を研究の指針とする。そのため、対立物の統一の発展構造について詳細に検討されており、海道進はこの弁証法による経済学の分析を「哲学における弁証法の経済学への適用(2)」と表現した。本著書は、方法論として弁証法が用いられ、その弁証法の内容を商品や価値を詳細に分析するために適用しながら、独自の経済学ないし科学的経済学の展開が試みられている。この経済学の基礎になっているのは『資本論』であり、とりわけ剰余価値論、唯物弁証法、唯物史観からの考察である。わが国経営学界において、北川はこのような学問的軌跡によって唯物弁証法、マルクス主義の立場から科学方法論を確立したマルクス主義経済学者、批判的経営学者、社会主義経営学者と位置づけられる。

以上のような北川が研究してきた哲学、経済学、経営学という学問はすべて弁証法と関連しており、これら三分野の根本には弁証法哲学がある。そうして、弁証法哲学が基礎（土台）に位置づけられ、その上に言わば経済学、経営学という上部構造が展開されることになる。彼は学問の科学的な究明を目指して弁証法哲学を基礎に置き、その弁証法によって現実社会で展開されている経済現象や経営現象を捉えた。また、それらの現象を研究対象とした経済学や経営学において弁証法の根本法則

（対立物の統一、否定の否定、正―反―合のトリアーデなど）を適用することにより、科学的な経済学ないし経営学を構築しようとした。現実社会においては経済活動や経営活動が相互に関連し、互いに作用しながら展開されているのと同様に、そうした現象を研究対象とした経済学や経営学という学問も決して各分野が別個に展開されるのではなく、相互に依存し合い影響し合って展開されている。現象の分析・解明、それを研究対象にした学問の展開は、すべて唯物弁証法が出発点となる。

第三節　経営学の展開と類型

こうして北川が展開した経営学の基礎には哲学と経済学とがある。それらの三分野は、前節で明らかになったように相互に関連し影響し合っていた。また、それらの学問の基礎には唯物弁証法があり、この学問的基礎を抜きにしては、経営学も展開されることはなかったであろう。そして彼が目指していた科学的な経営学に至るまでには、さらに経営学の内部においていくつかの段階を経ることになる。本節では、哲学ならびに経済学を研究し、それらと相互に関連づけることによって生まれた彼の経営学の内容について、その段階を追って考察していく。

一　資本家的経営学の批判

北川は学問の根本を唯物弁証法に求め、それを学問の出発点とし、現実の資本主義社会に生じる経済現象ないし経営現象を動的に把握することによって、科学的な経営学を展開しようとする。そして唯物弁証法的な認識の立場から規範的経営学、観念論的経営学を批判する。さらに『資本論』の考察などから労働価値学説の立場に立った経営学を主張し、資本主義的企業の利潤追求過程について科学的に分析していくが、この際にも動的考察、動的把握を行う。

先ず北川は、労働価値説の立場から現実の企業経営における剰余価値の私的所有（搾取）の問題などに焦点を当て、資本主義的企業の現実的経営に存在する諸問題を指摘するが、その際に資本家的経営学を批判する。彼によると資本家的経営学の批判の対象は二つあり、これはしばしば「批判の二重性」と呼ばれている。一つは資本家的経営実践に対して、即ち現実に行われている資本主義的企業の経営過程への批判であり、もう一つはその資本家的経営実践を研究対象としている学問に対して、つまり資本家的経営学への批判である。こうして、一方では拡大していく企業の経営過程、特に労働過程などで生じる資本家による剰余価値の私的所有に対する非倫理的な問題を批判する。さらに他方では、このような拡大する企業の資本家的経営実践を研究対象とする資本家的経営学を徹底的に批判する。即ち資本家の意識によって展開されるような現実の企業経営、さらに企業の機能資本家の頭脳や意識を反映して企業経営の実態を分析・解明するブルジョア経営学への批判である。それは企業経営の実践の中で資本家の俗人的観念を総括したものであり、このような個人の観念による非科学的な学問は批判され排撃されねばならない。そうして資本家的経営、さらにそれを研究対象とした資本家的経営学の問題性を科学的に究明し、ブルジョア経営学では把握できない資本主義的企業の本質を解明していく。それが北川の主張する批判的経営学の使命である。

二　個別資本の価値増殖過程の究明

北川によれば、経営学は個別資本家の立場から彼らが運営する個別資本を研究対象とする学問であり、そうした特定の階級的人間の認識を研究するものである。また同時に、その経営学を研究する経営学者は個別資本家の意識や頭脳の分業的独立化形態であるという(3)。そこで、北川も科学的研究の立場から個別資本の典型的な形態である個別的産業資本について検討を加えている。

先ずその産業資本を、資本の近代的な基礎形態、資本関係の基礎形態を成すものと位置づける。産業資本という個別資本の価値増殖活動は、個別資本家が個別資本の意識的担い手として機能する諸活動として現れる。つまり個別資本家の営利を追求する価値増殖活動が行われている総体を企業とし、この企業を研究対象とするのが経営学だとする認識に立つ。そのため経営学は企業経済学ということができるとし、営利的な個別的産業企業の究明を斯学の中心テーマとする。そこで貨幣資本の循環（G……G′）、生産資本の循環（P……P′）、商品資本の循環（W……W′）などの一般的範式を検討する。この循環過程において利潤の実現を明瞭に示しているものは貨幣資本の循環であるとし、同様の認識をするドイツの研究者リーガー（W. Rieger）とニックリッシュ（H. Nicklisch）の考え方を例に挙げて説明している。

そして北川は、個別資本の運動過程の解明を詳細に行っていく。この個別的産業資本の循環は、周知のように流通過程と生産過程を含んでおり、産業資本の価値は流通過程において貨幣資本と商品資本の形態をとり、生産過程においては生産資本の形態をとる。即ち貨幣資本から生産資本、生産資本から商品資本、商品資本から再び貨幣資本の過程を辿るものとする。つまり企業における財産の構成はG＋A＋Pm＋Wから成り、また経営過程を構成している貨幣調達過程、労働過程、生産過程、商品流通過程などの循環についても詳細に考察している。これらの考察は『資本論』から得た基礎的知識によるものであるが、その過程の検討についてはニックリッシュの展開した資本概念や財産概念、そしてシェーア（J. F. Schär）の会計理論を用いている。

さらに北川は、経営学の研究対象である個別的産業資本（資本主義的企業）が、対立物の統一の構造を有する弁証法的二重性を孕んでいることを指摘し、これを「企業の二重性」と呼ぶ。この企業の二重性とは、つまり労働過程と価値増殖過程とが統一して資本制生産過程を形成することである。また資本主義的企業は二つの弁証法的契機から組み立てられているとし、「企業」と「経営」という契機（概念）を持ち出す。そしてこの両者は弁証法的な対立物の統一の関係にあるとする。言うまでもなく、この企業と経営の概念規定については北川以前の経営学者においても論争が繰り広げられている。しかし北川解釈の注視すべき点は、この両者即ち「企業」と「経営」を対立物の統一として認識することである。それまでの経営学においては、それらはそれぞれ別個のものと捉えられてきた。だが彼は、資本主義的企業を使用価値生産の単位体としての「経営」と価値増殖の単位体としての「企業」という二つの契機を持つ弁証法的統一体と認識し、そのような弁証法的構造が内在する資本主義的企業を研究対象とする学問が経営学であるとした。

三　経営学の三つの類型

北川は、以上のような二重性をもつ資本主義的企業を研究対象と規定するが、そのような経営学を正確に科学的に研究していくために、いくつかの段階を経る。具体的には三つの段階（類型）に分類することができ、それは（一）資本家的経営学、（二）批判的経営学、（三）社会主義的経営学であり、一般に経営学はそうした段階を経て構築されていくことになる。

第一の類型は、資本家的経営学である。その経営学は、資本家の意識を反映し実践している経営を対象とし、それを個別資本家の立場から検討する経営学である。このような立場からの経営学はどうしても歪曲的な理解に終わるため、彼は科学的な経営学とは認めず、彼独自の方法論によって批判的に検討する経営学批判の対象となる。そのような段階を通して、次に批判的経営学が出現する。つまり、より科学的に現実の資本主義的企業の経営過程を解明しようとして、資本家的経営学を詳細に検討し、批判することで成立するのが批判的経営学であり、これが第二の類型である。

だが北川の経営学は、この第二の類型即ち批判的経営学の段階で完成するのではない。資本家的経営学とそれを批判しながら生成した批判的経営学との間には激しい理論闘争が繰り広げられ、そこに根本的な矛盾＝対立が発生する。その矛盾を原動力として新しい段階が生み出される。その中では企業経営における資本家階級と労働者階級の所有関係を巡る問題が真正面から議論され、資本家的意識を反映した段階とは異なる経営学を構築しようとする。それは、当然ながら労働者階級の立場から展開される経営学である。資本主義的企業において労働者階級は企業の所有権や経営権を持たず、企業経営の主体とは成り得なかった。しかし、労働者階級の立場を反映する経営学では、企業の所有権をすべての労働者が社会的に所有し、これまでの企業内の階級闘争を揚棄した無階級的人間＝新しい形態の勤労者が主役になることが明らかにされる。そのような体制における最も新しい経営学が第三の類型に位置づけられる社会主義的経営学である。この労働者階級の立場に立った経営学は、社会主義体制下の企業経営を研究対象として展開される。こうして北川は、資本家の意識を反映し資本家による所有関係を対象にした経営学ではなく、所有関係を社会化して労働者階級が所有権や経営権さらには支配権を持つことができるような社会における経営学、即ち社会主義的経営学の建設を究極的に企図していた。

もちろん、社会主義的経営学の構築には段階を経なければならない。資本主義的企業を研究対象とする資本家的経営学から、突然にして労働者階級の立場に立つ社会主義的経営学が現れるわけではない。そこで北川は、資本主義社会における労働者階級がそれまで企業の所有権、経営権、支配権を持てないために経営的関心がなかったという歴史的必然性を認識し、将来的に企業経営の主体となりそれらの権利を持つような社会になることを自覚させようとした。この新しい企業の創設、管理体制の確立、それを対象とする新しい経営学の建設には準備がいる。そこで先ず資本主義的企業の活動とそれを意識的に反映した資本家的経営学の批判が必要だと考えた。そして最終的に社会主義的経営学を構築する段階に至るまでに、その転換期においては架橋的存在としての批判的経営学（転換期の経営学）が必然であった。こうして最終的に彼が目指していた経営学は社会主義的経営学であるが、その建設過程において資本家的経営学や批判的経営学が存在したのである。したがって前半の過程に両者が存在しなければ、決して最も新しい経営学である社会主義的経営学の構築までには至らなかったであろう。

四　批判的経営学の内容

（一）所有と経営の分離

では実際、北川の主張する批判的経営学ではどのような内容のものが展開されるのか。彼は批判的経営学の具体的な内容として、まず所有と経営の分離の問題を検討している。周知のように、この所有と経営の分離に関する研究は経営学の中心的課題であり、これについても当然ながら批判的立場からの検討が必須である。資本主義社会においては、資本家と労働者の間に階級的な対立関係が存在し、さらに資本家が労働者を支配して自己の利益を増殖するために搾取するという関係が横たわる。つまり資本家は経営過程において企業の生産手段と労働者の労働力を私的に所有し、その両者を結合させることで生産を実現する。資本家は、このような企業における生産手段の所有を基礎として経営権も手中に収める。さらに資本家は経営権を持つ執行者であり、労働者を管理する経営管理者という存在でもある。それに対し労働者は企業の所有権、経営権も奪われた状態で労働のみを担当する。つまり資本家は所有権と経営権を持ち、即ち所有＝経営という状態にあり、この所有と経営が労働者階級の労働と対立する。ここに資本家（所有＝経営）vs労働者（労働）という対抗的・対立的な社会形態を現象させる。北川は労資関係を弁証法的な対立構造として認識し、労資対立関係においては、所有、経営、労働は並存する関係ではないとする。資本主義的企業では、資本の価値増殖＝利潤追求のために資本家が労働者を支配し、所有＝経営vs労働という必然的な関係が貫徹し、これが企業の一般的法則であるとする。現代では資本主義的企業が大規模化し、株式会社の生成・発展において所有＝経営が複雑化してきた。それが所有と経営の分離、所有と支配の分離、出資と経営の分離、所有と管理の分離というような形で表面化する。しかし、どれほど資本主義的企業が大規模化し、株式会社が成立し発展しようとも、それは単に所有＝経営vs労働の弁証法的矛盾を複雑化させているだけであって、この矛盾の基本的構造には何ら変化はないと結論づける。

そして、北川が最終的に目指していた所有と経営と労働の関係は、所有＝経営＝労働であり、そのためには質的変革が必要であるとする。即ち所有＝経営＝労働という関係では、階級性をすべて脱ぎ捨てた新しいかたちの勤労者が出現し、その勤労者が企業の所有者となり、この所有を基礎として経営権の掌握者、管理労働の担当者となる。この勤労者が企業の主体となって企業経営を行う。このときの質的変革とは、資本主義的企業から社会主義的企業への転化（転換）を意味している。

（二）労働生産性と利潤原理

さらに批判的経営学の第二の内容として、労働生産性と利潤原理が批判的に検討される。先ず労働生産性が向上する場合の三つの基本形態として、①一定の労働がより多くの生産物を生産するという形態、②一定の生産物をより少ない労働で生産するという形態、③より少ない労働でより多くの生産物を生産する形態を提示する。そして人間の生活の向上、即ち労働に拘束される時間を減少させ文化的生活の時間の増大を目指すには、第三の形態の実現が必要であるとする。その第三の形態を現実のものとするための方法について詳しく究明し、その際には企業を「それ自体」というモメントと「社会形態」というモメントの対立物の統一体として認識する。さらに資本主義社会における労働生産性の意義と社会主義社会におけるそれの意義を対比して考える。北川によれば、資本主義的企業における労働生産性は「価値」という社会形態をとり、労働生産性は資本の利潤の程度をあらわす利潤原理に転化する。資本主義的企業では、労働生産性という「それ自体」のモメントと利潤原理という「社会形態」のモメントが弁証法的に統一している。労働生産性を向上させて労働生産物を増大するための企業経営は、利潤追求のための資本家的企業経営と同様のものとなる。そして利潤原理は労働生産性の資本主義的歪曲と結論づける。この労働生産性の資本主義的歪曲を是正するには、資本主義的企業とは質を異にする新しいかたちの企業へと変革しなければならないとするが、この質的転化による新しい企業とは社会主義的企業のことである。資本主義的企業における労働生産性と利潤原理を弁証法的に統一して捉え、労働生産性の資本主義的歪曲を理解し、それらを批判的に検討することによって現実の正確な認識が可能になると主張する。つまりその解明には、批判的立場からの経営学＝批判的経営学が重要な役割を担うことになる。

こうして北川は科学的な経営学の構築・建設を目指しながら、三つの経営学（基本的類型）のあり方を提示した。その歴史的推移としては「資本家的経営学→批判的経営学→社会主義的経営学」となる。批判的経営学は、資本家的経営学と社会主義的経営学の中間に存在し、新しい経営学へと転化（転換）するための架け橋に位置づけられる。この架橋的存在として批判的経営学というわが国独自の分野を形成し確立した北川の功績は、日本の経営学界にとって大きいものである。最終的に彼が展開しようとしていた経営学は社会主義的経営学であるが、残念ながらその検討ないし建設を行うことはできないままに早すぎる死を迎えることになる。

（西村　剛）

第四節　おわりに――真の経営学の確立と意義――

一　「真の経営学」とは

前節で明らかなように、北川は経営学という学問分野に資本家的経営学、批判的経営学、そして社会主義的経営学という三つの類型が存在すると考えていた。それは経営学が発展する過程において、たまたま偶然生み出されたわけではなく、さまざまな客観的諸条件の下で言わば必然的に形成されたものである。なぜなら、彼が提示した三類型のシェーマは、単に経営学を研究する者が自らの認識段階の進化に従って恣意的に作り出したものではなく、それぞれの類型ごとに存在する社会的な時代背景との関係で、その客観的基盤の変化に規定されながら生成したものだからである。

だが北川自身、そうした経営学の三つの類型とは別に、言わば第四の類型とでも称すべきものを提起している。それが「真の経営学」という言葉で表現されるものである。真の経営学という名称は余りにも抽象的であり観念的な響きがする。学問上の用語として必ずしも適切ではない「真の」という言葉の対極には、その逆の意味を持つものとして「贋の」あるいは「偽りの」という言葉が考えられる。「偽り」ではない本当の意味での経営学、それが「真の」という表現となって現れた。では、真の経営学の対極に位置する「偽りの経営学」とは一体何か。学問としての装いを持ちながら実際はそうではない経営学、それが北川によって徹底的に批判されたもの、即ち観念的で規範的なドイツ経営学をはじめとしたブルジョア経営学、あるいは資本家的経営学であったことは論を俟たない。

それでは北川が自負の念を込めて真の経営学と称したもの、その実体は果たして何か。その内容は決して新しいものではなく、彼がすでに提起していた前述の経営学三類型のうちで、後半に位置づけられた二種類の経営学、即ち一つは批判的経営学であり、もう一つは社会主義的経営学だと考えられる。先ず批判的経営学についてはどうか。それは三類型の最初に設定された資本家的経営学に対立し、それが内包する非科学性を批判し克服する中から生み出された。その批判的経営学は、現実に活動する資本主義企業を研究対象にして、それが使用価値を生産する単位体であると同時に利潤原理に貫かれた価値増殖の単位体でもあることを明らかにする。また、批判的経営学の矛先はすでに存在した資本家的経営学、即ち個別資本家の利益を擁護し資本家階級の立場に立つ経営学にも向けられる。ドイツ経営学に代表される資本家的経営学は、営利性を目指して資本増殖という課題を達成するために、個別資本家の活動に役立ちその利益に奉仕する経営学である。したがって労働者階級の立場に立つ批判的経営学とは、拠って立つ階級的基盤が根本的に異なっている。現実の資本主義経済の下で繰り広げられる労資間の階級的な対立＝闘争が、社会科学の一環を形成する経営学という学問分野にも反映し、資本家的経営学と批判的経営学との激しい対立＝闘争となって現れたのである。

北川が提唱した真の経営学、その内容を成すもう一つの類型である社会主義的経営学についてはどうか。前述のような資本家的経営学と批判的経営学との学問上の闘争が激化し、やがてその限界にまで達した段階では、まったく質を異にする新しい社会主義的経営学が現れる。それまでの二種類の経営学がともに資本主義企業を研究対象とするのに対して、社会主義的経営学は新たに建設される社会主義企業を研究対象とし、資本家の私的立場から離れて全勤労者の立場に立つものである。北川が生きた時代には、世界に視野を広げれば幾つかの国々で社会主義が実現し、そこではすでに社会主義的経営学が発展していた。北川が提唱した経営学の三つの類型は、決して彼の頭の中だけで作り出された観念的産物ではなく、現実の社会的な基盤の変化と結びついて現れたものである。

二　法則学としての経営学

では北川自身、以上のような内容を持つ真の経営学は、それ以外の経営学と一体何によって区別されると考えていたのか。真の経営学だけが持つ基本的な特徴として、他の経営学とは異なるものと認識するための基準は何か。その答えを彼の考え方に沿って結論的に言うなら、法則学としての経営学か否か、換言すれば客観的に存在する法則の究明を指向する学問であるかどうか、それこそが真の経営学を他のものから区別する決定的な基準となる。経営学が研究対象とする資本主義企業の活動、それは一見したところ無秩序に展開されているが、その内部に貫徹する客観的な法則を掴み取ること、それが真の経営学の科学性を保証する。そうして北川は、企業がどのような法則に支配されて活動しているのか、それを問うことによって、経営学は「企業経営という実践の見地から企業の本質＝法則をとらえんとする法則学即ち真の学問となることができる[4]」と結論づける。

そのように法則学として真の経営学は確立するが、ではそれは果たしてどのような研究方法を採るのだろう。その点については、唯物弁証法という科学全般に共通した研究方法こそが、経営学という社会科学の個別分野においても積極的に適用される。法則を追求するという目的を持つ真の経営学にとって、それを可能にする研究方法は、唯物弁証法をおいて他にはない。その点について北川は、資本主義的条件の下では批判的経営学の成立が必然的であると規定した上で、この批判的経営学は「資本主義的企業の運動構造＝弁証法的矛盾の構造を把握せねばならぬこととなり、このことからしてその方法は必然的に弁証法（唯物弁証法）とならざるをえない[5]」と述べている。即ち、真の経営学の重要な部分を占める批判的経営学は、本来的に資本主義企業の存在様式である矛盾＝対立の構造にふさわしく、研究方法も唯物弁証法でなければならないと考える。

そうして真の経営学の研究方法は唯物弁証法に求められるが、しかしそれは広く科学全般にとって普遍的な研究方法としての性格を持つ。経営学という社会科学の一分野を成す学問にとっては、さらに別の研究方法の適用も必要となる。それは、唯物弁証法を研究方法として社会現象の法則を究明する際に現れる史的唯物論ないし唯物史観に他ならない。北川自身、史的唯物論そのものについては積極的に語っていない。だが、彼がドイツ経営学の方法論史を追跡したシェーンプルークの方法を批判する際には、まさにこの研究方法に依拠していたことは明白である。北川によれば、ドイツ経営学の発展過程に現れた方法論の変遷を究明する際、シェーンプルークが採った方法は、物質的＝経済的な特殊事実から遊離した抽象的＝純粋論理的なものである。そもそも経営学の方法論が発生する根拠は何か、それは北川が主張するように、唯物史観の命題に基づいて、学問はその土台にある経済の物質的基礎との矛盾関係を離れては、正しくその本体を理解することができないのである。

三　学問的な性格と研究の立場

本来、経営学は理論科学なのか技術論なのか、そうした経営学の学問的性格を巡って、これまでドイツ経営学では激しい論争が繰り広げられてきた。そのような経営学の方法論上に現れた重要な論点を北川も十分に意識していたが、それを彼は唯物弁証法の研究方法に基づいて次のように捉えていた。先ず、一般に人間が行う認識という活動は、対象的認識と実践的認識との統一である。一方で対象的認識とは、対象がどのような状態にあるかをありのままに捉えるものであり、他方で実践的認識とは、対象を変化させるために一定の目的を立て、それを実現するための方法を考慮する認識のことである。北川によれば、経営学も一つの認識＝学問である以上、当然ながらこのような対象的認識と実践的認識の統一でなければならない。しかし同時に、経営学は企業経営者の管理活動という実践と直接的に結びついているという特徴を持った学問であるため、必然的に実践的認識の方が対象的認識よりも比重が大きくなる。そうした理由から、経営学を実践的認識の学問として技術論だと性格づける考え方が生まれることになる。そして他方では、反対に理論的認識を重視して、企業を存在する状態のままに捉える認識を経営学の学問的性格と考える場合もある。それはいわゆる理論学派として経営学の歴史の中で一つの流れを形成してきた。だが、本来的に経営学も対象的認識と実践的認識との弁証法的統一であり、どちらか一方だけに片寄るのではなく、双方ともに学問的性格として内包するような経営学、そこに真の経営学が存在すると北川は考えた。そして、真の経営学は両者を弁証法的統一において内包するものでなければならないと結論づける。

以上のような学問的性格を有する経営学だが、それが真の経営学になるためには、さらにどのような研究の立場に立つのかが問題となる。北川が徹底的に批判した資本家的経営学、それは個別資本である資本主義企業の運動が、資本家の頭脳に反映した結果として生み出されたものであり、まさに資本家の立場に立つ経営学に他ならない。そのため、それは「資本家的意識の枠内に止まるかぎり、資本制経営の本質的性格、経済的本質を明らかにすることができず」(6)、自らの非科学性を露呈することになる。それに対して批判的経営学は、資本家に対抗する労働者の立場に立つという性格を持つ。もはや資本家的意識から解放された批判的経営学は、労働者の立場に立つことによって資本家的経営学が持っていた限界や制約を打ち破る。資本主義企業が抱えている基本的な矛盾や問題を、誰に遠慮することもなく堂々と暴露し批判することができる。そうして批判的経営学は科学性を保持した真の経営学と成り得るのである。

四　真の経営学の意義

では最後に、真の経営学は果たしてどのような存在意義を持つのかを考えてみよう。北川が主張した真の経営学は、大きく二つの方向でその存在意義を確認できる。第一には、言うまでもなく経営学という専門分野での学問的意義であり、そして第二には、現実に企業内で活動する人々にとっての実践的意義である。そのような二つの意義は、それぞれ切り離されて存在するわけではなく、両者は密接に関連し影響し合う関係にあり、そうすることでより一層自らの存在意義を高めて行く。

そこで先ず真の経営学が有する学問的意義とは何か。それは北川の提示した真の経営学が、同じく資本主義企業を対象にしながら、資本主義企業の経済的本質を究明できない資本家的経営学を徹底的に批判して、その観念的で規範的な性格を明らかにしたことである。そして真の経営学は、単に資本家的経営学を批判するだけでなく、ブルジョア経営学が把握できない資本主義企業の内部に潜む経済的本質、あるいは資本主義企業が展開する運動を貫く法則を明らかにする。そのようなある意味では学問として当然の基本的使命を果たすことによって、経営学の科学性に疑念を投じてそれを単なる利潤追求に奉仕する技術論だという批難から解放する。さらに北川は、真の経営学の一環として社会主義的経営学の確立を提起していた。資本主義企業が持つ根本的矛盾を解決し、やがて新しい経済制度の下で社会主義企業を建設し、そこで資本主義の搾取＝抑圧から解放された労働者が、生き生きと労働する姿を頭に描いていたであろう。そうした内容を持つ真の経営学の学問的意義、それはまさにブルジョア経営学に対する理論闘争の所産であることを意味している。

では次に、真の経営学が有する実践的意義とは何か。それは前述の如く、真の経営学が労働者の立場に立つ学問であることと深く関わっている。第一節で見たように、北川も現実社会で生活した一人の人間であり、戦前から戦後の時期に至るまで、社会的な激動の時代を生きた研究者である。とりわけ戦後の経済民主化が叫ばれた時代の中で、資本主義企業の民主的改革に向けて多くの労働者たちが組合に結集し、激しく労働運動を展開していった。北川もそうした労働者階級の民主化運動の輪の中に入り、実際に自らも多様な実践活動を行った。そして、現実社会での労資間の階級闘争を目の当りにして、労働者の立場からそれへの理論的基盤を与えたいと考えたであろう。彼は戦後において自ら勤務した大学での労働組合運動をはじめとして、さまざまな民主化を目指す団体の中で力を尽くした。そこでは真の経営学を単に学問発展のためだけでなく、実践活動の分野でもその理論的基礎として生かして行きたいと願っていたであろう。そうして彼は身をもって理論と実践の統一をはかる生き方を示したのである。

（田中　照純）

注

（1）中村福治『北川宗藏―一本の道をまっすぐに―』創風社、一九九二年、二九―三〇頁。
（2）海道進「北川宗藏―その経営学方法論の特徴」古林喜樂編著『日本経営学史―人と学説―』日本評論社、一九七一年、一〇〇頁。
（3）北川宗藏「経営学の本質および類型に関する基本的考察」『経営研究』第一二号、一九五三年、二一―三頁（北川宗藏著作集第三巻『企業と経営（増補版）』千倉書房、一九八七年、七一頁）。
（4）北川宗藏「私経済学否定論」『内外研究』第一三巻第二号、一九四〇年、一九五頁（北川宗藏著作集第四巻『続経営学批判』千倉書房、一九八四年、二六頁）。
（5）北川「経営学の本質および類型に関する基本的考察」、二一頁（北川宗藏著作集第三巻『企業と経営』千倉書房、一九八三年、九一頁）。
（6）海道、前掲書、一〇四頁。

第四章　馬場克三

——経営技術学としての経営経済学の探究——

第一節　はじめに

馬場克三は、一九〇五（明治三八）年三月一四日、滋賀県犬上郡高宮村（現彦根市）に生まれた。長じて、大阪商業学校、彦根高等商業学校を経て、一九二七年、九州帝国大学法文学部に入学した。この間の経緯について馬場門下の三戸公は次のように述べている。「彼（馬場克三）は……彦根高商に学び日銀に勤めて、簿記会計の技術的知識に習熟していたのであり、……九州大学に入学し、マルクス経済学を森耕二郎・向坂逸郎等に学んでこれによって簿記会計技術の理論づけが最深部にまでとどくと見定めた(1)」。一九三一年三月に法文学部経済科を卒業しそのまま同学部副手に採用された後、一九三四年講師、一九三六年一〇月助教授を経て、一九四五年福岡大空襲から間もない七月に九州帝国大学教授に就任した。本章で主たる検討の対象とする、一九三八年の「経営学に於ける個別資本運動説の吟味」（以下、「吟味」）を出発点とする経営学方法論についての一連の論考は、日本が一五年戦争、敗戦、占領政策と戦後改革、高度経済成長という途を辿ったまさに激動の時代に、馬場が行った知的格闘の産物である。ところでこの間、一九三九年から一九五三年まで、馬場は福岡高等商業学校、九州経済専門学校、福岡商科大学（これら三校は福岡大学の前身）で経営経済学の講義を兼任で担当している。[2] 戦前から馬場と親交の深かった元福岡大学教授小川和男（英語担当。明治三六年生まれ）の日記を読むと、随所に馬場への言及がみられるが、彼らがともに生きた時代における対照的なある一日についての、次のような記述が特に印象深い。

「（一九四五年六月）

十九（月）福岡市焼夷攻撃。約半分消失。

二〇（火）朝食後馬場の所へ行って見る。全焼。別府正十郎の援助にて焼残りの荷物を家まで運んで夕刻馬場一同来る。が狭い家のことゝて不取敢落着いたのである。……」

「（一九四八年一月）

三（土）午後馬場夫人子供を連れて来訪。夕刻俊・浩一緒に馬場へ泊りに行く。……

四（日）昼頃子供二人帰って来る。買物に出たら道で逢う。浩は歩きながら昨晩のことを色々と報告する。克三氏が手品をしたのが非常に面白かったらしい。[3]」

その後、馬場は、九州大学経済学部教授の傍ら、福岡地方労働委員会委員（一九四七〜一九六八年）、第五期〜第七期日本学術会議会員（第三部・全国区、一九六〇〜一九七一年）、福岡地方炭鉱管理

委員、九州経済調査協会理事等を歴任し、一九六八年三月九州大学を定年により退職した。退職後も、西南学院大学商学部教授（一九六八〜一九七七年）、広島修道大学商学部教授（一九七七〜一九八一年）を務めたが、一九九一年一〇月二九日に八六歳で亡くなった。馬場は生涯に、経営学・会計学・保険学の分野にわたる一四冊の著書（共著・編著を含む、著作集は除く）、一九九本の論文・評論を発表している[4]。本章では、特に馬場の経営学方法論とりわけ個別資本の五段階規定あるいは意識性論として知られる問題をとりあげ、これを検討する。

第二節　個別資本の五段階規定

一　中西寅雄『経営経済学』（一九三一年）

馬場は、おそらく「吟味」を執筆した時より相当前から、後に「経営学方法序論」で展開されたような経営学の歴史的特質、つまり中世の「商人全書」にみられる「管理の術」という技術的内容が独占資本形成期に至ってはじめて体系的に研究されるべき問題と認識され近代経営学が生成したという事情と、生成途上の経営学の学問としての問題性（プロフィットレーレ批判を回避するための方法的歪曲）とを、主にドイツ経営学の学習を通じてつかみ、「吟味」執筆の時点ではあらゆるタイプの経営学を批判的に摂取するために必要な視座をすでに確立していたものと推察される[5]。それは、後に下記の如く述べられたような、経営学においては、当然検討されるべきこと、より具体的に言えば、抽象的な経営一般ではなく営利的企業が、さらに営利的企業の技術的中身が検討されるべきという見解である。

「われわれはまず具体的なものから考えてゆくこと以外にものを考える筋道を知らない。するとわれわれにとって与えられているものは企業以外にないのである。[6]」

「一九〇〇年以後の努力は、それ（経営学：引用者）がその出発点において見出していた素材（営利追求：引用者）……の中の重要なポイントをはづすという方向に主として努力が集約されてきたと断ぜざるを得ないのである。……おそらく、今日においても経営学の処理すべき問題が営利的企業の諸活動、その技術と組織以外には存しないということは、立場と主張の如何にかかわらず結局において帰一しているところの事実である。[7]」

以上述べたような視座を確立していたであろう馬場にとって、中西寅雄が『経営経済学』（一九三一年）の中で示した個別資本運動説は、まさに「素材とまともに取り組む」経営学の方法と受け止められるべきものであったはずである。それは、「おそらく世界ではじめてマルクスに依拠して書かれた経営学[8]」であり、「経営の全領域を個別資本の運動として把握しようとするところに特色をもっており、……世界の如何なる経営学者も試みたことのない独創的な[9]」方法であった。

中西は、著書の冒頭部分で、経営学の対象・方法を次のように規定している。

「私は所謂社会経済学（または理論経済学）の研究対象は資本家的生産諸関係であると解する。換言すればその集中的具現者としての資本、即ち「剰余価値を生む価値」であると解する。所で資本は「単なる抽象」ではなくして、運動である。それは個別的資本の運動として顕現し、それら相互の縺れ合いに於て社会総資本の運動を構成する。この個別的資本の運動は社会総資本の運動の構成要素（モメント）である。それは全体としての社会総資本の運動の構成要素たるが故に、社会総資本の運動の各独立化された部分としては、その全体たる社会総資本の運動とは等しくはない。この限りに於て社会総資本の運動の部分たる個別資本の運動を抽離して考察することが可能である。私見に依れば、所謂理論的経営経済学（または私経済学）は斯かる個別的資本の運動をそれ自体として研究する学である。が、同時に、個別的資本の運動は社会総資本の運動の構成要素であり、而して構成要素たるが故にまた全体としての社会総資本の運動に総括せられ、統一せられる。この限りに於て個別的資本の運動の抽離的考察は独自の意義を有せず、社会総資本の運動法則をその統一性に於て闡明するを究極の任務とする社会経済学（または理論経済学）に包摂せられ、その一分科たるに過ぎない……。[10]」
（傍点は引用者。傍点部分は、後に馬場が「吟味」において特に批判した箇所である。）

　上記引用文中の「個別的資本の運動の抽離的考察は独自の意義を有せず」の一つの含意は、「技術論としての経営経済学」の否定ということにある。例えば、このような経営経済学を代表するシュマーレンバッハ（E. Schmalenbach）が経営学の対象として措定した「共同経済の福祉増進」は、「使用価値生産の労働過程をそれ自体として研究する」工芸学において目標とされるべきものとされ、その意味で「心理学、生理学、機械学等の応用科学」としての工芸学は「経済学とは何等関係のなきもの」として、中西においては経営経済学の対象から建前としては排除されている。[11]

しかしながら、以上のような主張とは裏腹に、『経営経済学』には、テイラー・システム、フォード・システム等に関する経営技術論的内容が豊富にとりこまれていたが、中西はそのような内容と上記の方法の関連づけを明確にすべき立場にありながらこれを放置していた(12)。また、中西が九州帝国大学に来講した一九三一年時点においてすでに「経営技術学の可能性について強い関心を寄せ(13)」ていた(馬場の回想による)という事実、中西自身が『経営費用論』(一九三六年)において技術論的経営学へと転換する姿勢を示し、さらには「個別資本説を放棄し、戦時統制経済の進展に即応する経営技術の研究・実践に向った(14)」という推移があった。しかも、中西の足下からは弟子鍋島達による論文「技術および技術学」(一九三六年)として「個別資本運動説とまったく対蹠的な位置にあるとも云ひうべき経営技術学」が極めて有力に立ち現われていた(15)。つまり、中西経営経済学は二極分解の矛盾をはらんでいたわけであるが、中西説を引き継いで「経営学を……経済学の一部門ととらえる一つの方向を定着させる」必要性を感じていた馬場としては、当然ながらこのような二極分解的矛盾を克服すべく「経営技術論を個別資本運動のなかに論理整合的にとりこもうという企て(16)」つまり五段階規定という試論の構想に導かれていかざるをえなかったと思われる。

二　五段階規定の提唱

二極分解的矛盾の原因は、「経営学の問題としての個別資本は最も具体的な規定を伴ったものでなくてはならない(17)」にもかかわらず、中西は個別資本を極めて抽象的にしか理解していないという点にあった。中西理論の抽象性の理由は、馬場によれば、個別資本が社会的総資本の一可除分としてしか理解されていないという点、換言すれば社会的総資本と個別資本の相違あるいは関係を明確に規定していない点、つまり全体と部分という両者の間の端緒的な区別を指摘するだけで、個別資本を社会的総資本から抽離する方法が示されていない点にあった。[18] したがって、経営学が経済学に対して相対的独立性をもつにすぎないという中西の見解は否定しようがないにしても、「経営学特有の問題領域」の所在は不明確なままである。[19] 馬場はこの抽象性をさらに三点において捉えている。

第一に、中西が折角「個別資本の運動を資本運動の顕現形態とし、社会的総資本をこの個別資本運動の縺れ合いによって醸成される」と考えながら、「個別資本なるものが資本運動の具体的に顕現するところの拠点……これに対し社会的総資本は云わば個別諸資本が織りなす錯綜の背後のもの」と捉えず、したがって「個別資本は多かれ少なかれ現象の上層に於て捉えられる……ものであるに反し社会的総資本は現象の背後に於て成立するところの基本的関連」として捉えることができなかったがゆえに、両者の関係を「平面的」にのみ規定し、「段階を異にした局面に於ける関係」として「立体的」に捉える可能性を逸したことである。[20]

第二に、「社会的総資本の観察は個別資本の観察によっては得られないような、且つ個別資本にとって前提となるような諸法則を認識せしめる」ことに、中西が両者の相違を見出している点である。中西はこのような相違の例として、商品資本（W′＝c＋v＋m）の循環を個別資本の運動として考察した場合には商品生産物の使用価値形態如何ということが問題にならないのに対して、これを社会的総資本の運動として考察する場合には総生産物の使用価値形態が問題となることを挙げている。このような認識それ自体は正しいものであるにしても、このような認識を導く前提である商品資本としての個別資本は、経営学において考察の対象とされる限り生産費＋利潤として捉えられるべきであるにもかかわらず、不変資本＋可変資本＋剰余価値として社会的総資本と同一水準で考えられており、したがって上記の区別は平面的なものであるにすぎない(21)。

第三に、中西が、社会的総資本（全体）と個別資本（部分）との関係を、相互予定的かつ全体において統一される関係とみる点である。このような認識それ自体はやはり正しいものであるが、矛盾を形式論理的にのみ理解し、統一をもたらす契機が部分における実質的な矛盾（商品や貨幣の運動としての個別資本における使用価値と交換価値の矛盾、あるいは商品交換・社会的分業・価値法則に従うところの交換価値の獲得が、使用価値の生産と流通に関わる企業家の意思的、統制的、計画的、意識的活動を通じて追求されるという矛盾）にあることを見過ごすことにより、個別資本をより具体的に把握せしめることに失敗している点で不十分である(22)。

さて、以上のような批判の上に立って、馬場は社会的総資本から個別資本を抽離するとともに、これをより具体的に捉えるための、換言すれば技術的内容を盛り込むための方法として、いわゆる五段階規定を一九三八年に雑誌『會計』に発表する。五段階規定についての表現は、その後発表された著作において少しずつ変化しているが、ここではオリジナルのエッセンス部分を抜書しておきたい。

「第一は、……それは社会的総資本の一形態なのであるが、それをその構成部分からなるものとは見ないで、一個の全体的な資本と見るものである。……この場合はある意味で、個別資本と社会的総資本との分化以前の段階であるとも云いうる。

第二は、社会的総資本を一個の全体的資本と見るのではなくして、多数の個別資本からなるものと考える場合である。……この段階で考えた個別資本概念はむしろ社会的総資本の再生産過程の諸条件を明かにするための手段でしかないのである。……従って、それは未だ経営学の対象としての個別資本を啓示せるものとは云えないのである。個別資本概念が経営学の対象となりうるためにはなお次に述べるような具体的規定を必要とする。

第三の段階に於ては、我々は平均利潤率の支配下におかれた多数の競争する個別資本の概念に到達する。……単に異なった産業部門間の競争のみを問題にする限りでは、まだ抽象性を存している。そこで、第四の段階に於て、我々はさらに同一産業部門内部に於ける競争、即ち、超過利潤の可能を考慮に入れることによって、もう一層、個別資本概念を具体化しうるのである。……

なお、第五の段階に於ては、自己資本と他人資本の分離、即ち貸付資本の成立を導き入れることによって、さらにそれを具体的に規定することができる。[23]」

ところで、以上の規定においては、馬場による中西批判の焦点となった技術的内容を展開するための糸口が、個別資本における技術的分業[24]あるいは競争といった要因によって暗示されてはいるが、必ずしも明示的には述べられていない。「吟味」の主要な狙いが、「個別資本運動に焦点を合わせ、個別資本の規定の中に技術的なものを導入しうる条件を設定する[25]」ということにあったとすれば、そのような「条件」が示されていてしかるべきであろう。この点について、馬場は後に、「吟味」執筆時点において、次のようなことを意図していたと述べている。

「五段階規定は、個別資本を社会的総資本から抽離するための操作として考え出されたものである。しかし、その操作は単に抽象から具体へという上向規定のみで完了したといえるものであるのか、それとも上向のある段階で、たとえば意識性といった契機を導き出すことによって操作を完了する筈のものであるのか、……必ずしも、明快でなかったことは認めねばならない……しかしその操作は、……そのなかから経営学への展開の契機をとり出すという意義に達するものでなければならなかったのである。（傍点は引用者）[26]」

ここでいう「経営学への展開の契機」としての意識性（これは馬場学説に関わる一九五五年以後の論争において中心的論点の一つとなった）、つまり資本の所有者たる資本家とその意識的行動は、五段階規定のもたらす「結論」に関する記述において登場する。すなわち、平面的にしか社会的総資本と個別資本との関係を規定することのできない中西説の「欠陥」を五段階規定が是正し、これを「立体的」にも規定しえたことにより、いまや「個別資本の概念はこれを最も具体的な姿で捉えるときは、多かれ少なかれ、現象の表面に於て、換言すれば、個々の企業家の意識の層において捉えられねばならない」という「結論」において登場する。[27]

経営学に技術的内容を盛り込むための手続として「企業家の意識層」を拠点として観察を行うという着想は、「社会現象としての人間の意識的な行動を物化し、これを自然史的過程として観察する[28]」

社会経済学の手法を個別資本の研究に対しても踏襲する結果「経営経済的なものにおける経済主体の意義をほとんど没却して顧みないという極端に走る[29]」と馬場には受けとめられた中西が、徹底的な反論を提起した当の相手であった谷口吉彦の見解を批判的に摂取したことにより得られたものであった。谷口は、「経済学と経営学、国民経済学と経営経済学とは、その認識または研究の対象を異にするものであり、一は意識的計画的統一的な単独経済の経済活動を、他は此の経済活動の無意識的結果として社会的に成立するに至る経済現象を認識し研究するものである。[30]」と主張する。これに対して、中西は、「単独経済は、之を価値増殖過程として見るとき、それが、一、自由ならざる点に於て、二、意識的ならざる点に於て、三、統制的ならざる点に於て、それは総合経済と区別せらるべき何物も有たない。従って此等の何れかによって単独経済を特徴づけんとする試みはまったく維持し得られない。両者の本質的な区別の徴表は、只管、部分と全体に求められるべきである。[31]」と反論した。

馬場によれば、中西による批判は、「一つには批評の効果が必ずしも充分に挙げられているとは見えないのと、二つには承認しうべきものを見逃している点で、不徹底」であった。「経済活動」に内在する矛盾（資本家的生産に内在する二重性ゆえの）が発展して、物価現象、景気現象等々の「経済現象」となり、「経済活動」に対する外部からの強制力として顕現することからいえば、確かに中西の批判するように両者の間に本質的な相違はない。しかし、それならば、単独経済（個別資本）の活動に、意識的計画的統一的側面がまったくないかといえば、確かに在るといわざるをえないことがむしろ現実である。ただ、企業家が経済活動に内在する矛盾を認識しえず、また経済現象を予測しえないという意味では、この意識、意思、統制は「相対的な、制限された埒内に於て」のものにすぎない。「しかし、経営学的思考にとっては問題はここで終るのではなくして、むしろここから初まるのである。」矛盾が認識されないがゆえに却って、企業家の行う「経済活動」は逆に、意思的自由ある、統制的、計画的、意識的のものとして観念されることになる。このような観念が社会経済的にみて、「錯覚」であるとしても、それが企業家的現実であるといわざるをえない。馬場は、以上のように想定された経営学的研究の出発点としての意識性を、後に「完全意識性の仮構」[32]と呼んでいる。

こうして、馬場は、五段階規定それ自体と少なくとも同程度に意識性ということの意義をむしろ積極的に主張するに至るのであるが、企業家の意識の層に於いて個別資本運動を捉えるような経営学は「現象記述の学乃至は技術論となるであろう」というありうべき批難を予想して、次のような「先廻りの弁明」[33]を行っている。

「経営学は現象の上層に於て問題を捉えるから、技術的内容を高度に含まなければならない。然し、だからといって、それは技術の記述にのみ止まる必要はない。第一に技術的合理性の批判が可能である。第二に技術そのものの経済理論的批判が必要となってくる。……即ち、経営技術を単純に技術のみの埒内で解決することは事実上、不可能であるといわねばならない。だから、経営学が個別資本運動を企業家の意識の層に於て捉えると規定しても、決してそれは経営学を現象記述学にも、単なる技術論にも陥れることはないのである。[34]」

しかしながら、ここで述べられていることと、意識性を契機として技術的内容を個別資本運動の中に論理整合的に取り込むという主張とが、経営学を展開する手続という点で一致しているかどうかについては、直ちに判断しづらいところがあるかもしれない。その意味で、この一節は、「先廻りの弁明」であったとともに、馬場が個別資本の具体的規定に続いて理論的に取り組まねばならなかった経営技術学批判の課題の予告であり、さらにいえば後に馬場によって「個別資本理論と技術学との融合」という言葉で表現されたような、経営経済学のなかに経営技術論を論理整合的に摂取することの困難性、あるいは「五段階規定の主張は、ある意味では、中西経営経済学の二極分解的矛盾をそのまま継承したもの[35]」と述懐せざるをえなかったその困難性の表白であったといえるかもしれない。

第三節　経営技術学批判

戦時中の馬場は、戦時統制経済に関する七篇の時論[36]を執筆した以外は、主として減価償却理論の深化に研究の重点を置いている。戦後、馬場は、経営学方法論に関する研究の焦点を五段階規定から経営技術の問題に移し、一九四八年から一九五五年までの期間、このテーマについて集中的に論文を執筆した。しかしながら、馬場の研究は、「吟味」発表後二〇年近く学界においてほとんど注目されることがなかった。この二〇年を馬場は次のように回顧している。

「中西理論をもう一歩前進させ、技術学をその中に摂取するにはどうしたらよいか。この難問解決への第一歩を、私は「吟味」において踏み出した。……中西理論における個別資本は、いわば『資本論』第一巻に現われる個別資本であり、これをさらに、競争と所有という具体的な規定を与えられた個別資本、すなわち、『資本論』でいえば第三巻に現われる個別資本にまで具体化しなければならぬことを主張したのが右の論文である。そしてここまで具体化することによって、資本の所有者でありその運動の担い手である資本家を前面にもち出し、ここから個別資本運動法則の究明という客観的立場に立ちながら、資本家の意識的計画的活動、技術の問題への接近を試みたのである。かなり野心的な論文であり、画期的な論文であった筈なのであるが、不幸にして学界からまったく黙殺されてしまい、敗戦後、個別資本理論の最良の達成などといわれた北川宗藏教授の理論ですら、何ら中西理論と異なるものではなかった。北川理論の抽象性は当然、何らかの批判を呼び起こさざるをえない形勢であったが、これが性急な「上部構造論」となって表現されたのである。ところが、その頃、私はすでに中西理論の抽象性をのりこえ、大木秀男教授および酒井正三郎教授の経営技術学に対しても自分の立場を確立し、個別資本理論を技術学へ貫徹させる道を歩みつつあったのである。[37]」

さて、馬場は「吟味」において個別資本概念の具体的規定の果てに「意識性」という契機を引き出したわけであるが、そこから経営技術へ接近する道が開かれうると考えられたのは、何より技術というものが存在するためには、主体（個別資本の意識的な担い手）、主体の抱く目的（営利追求）、そして目的に対する主体による手段の選択行為が想定されなければならないからである。[38]このような関係において、「資本家の意識的活動は当然に経営技術として現われるが、経営技術の整序羅列はそのままではこれを経営学とすることはできない。……それは技術論と撰ぶところがない」。個別資本運動説の中に技術学の内容を摂取するために、まず行われるべきことは、経営技術学の主唱者が示した技術概念を批判し、経営学を経済学から独立させることではなく、「企業の内的生活を余すところなく統一的に把握する[39]」ことに役立つような技術概念を提示することであった。

一 鍋島 達

鍋島は、「技術および技術学」(一九三六年)において、技術の本質を次のように定義している。「人間の活動は一面に於て合理的行為である。合理的行為とは、この場合、一定の人間的目的を実現するために費消される最小の手段たる行為を意味する。……この費消手段量の最小の原理、所謂「手段の節約」は技術 art, Technik の本質をなし、……従って技術とは、与えられたる一定の人間目的を実現するための最小手段の原理によって構成せられる手段の連関である[40]」。馬場によれば、このような規定は必ずしも誤りではないが、あらゆる経営技術を把握し尽くせるものではない。例えば、独占資本による生産制限は最小費用の手段連関に反する矛盾した「経済技術」である。また、経営技術は企業の生産過程においてだけでなく、流通および財務の過程においても成立するのであることも、それが最小費用の手段連関に尽きるものではないことを示している。つまり、「経済技術は労働過程としては最小費用の手段連関であるかもしれないが、価値形成過程としては余剰価値を最大ならしめるための手段連関であらねばならず、資本主義企業においては、この両者は利潤獲得のための手段連関として現われる」。鍋島による技術の定義それ自体が抽象的なものであるが、技術が拠って立つべき経済についての規定も抽象的である。即ち、鍋島においては、「経済技術は消費経済、費用補償経済、営利経済のいずれにも通ずる一般的な概念として立てられているからである。」馬場によれば、結局、鍋島が「このような抽象的一般性に浮き上がらねばならなかった」理由としては、「経済技術学に経済学とは異なった認識対象を与えるため[41]」つまり「経営学（が）……経済学の一員たる地位を脱し、経済学と対等の王国を建設[42]」するためと考えるほかに思い当るものがない。しかし、「これこそ方法論における不生産的なるものの一例証ではなかろうか[43]。」

二　酒井正三郎

酒井正三郎は『経営技術学と経営経済学』（一九三七年）において、まず経済と経営と技術の関係を、「経営にありて経済は技術を支配し、技術は経営を通じて経済に奉仕する。」という関係として捉え、従って「経営において経済に奉仕するところの技術」を対象とする経営技術学と「経営において技術を支配するところの経済」を対象とする経営経済学が並立しなければならないと考える。前者が直接技術の学問であるのに対し、後者は、技術そのものではなく技術の社会経済的意義が解明せられる[44]。馬場によれば、経営経済学の対象としての「経営において技術を支配するところの経済」を想像してみることは困難である。確かに、経営において技術を経済が支配することは疑いないが、「その作用は経営においてはすでに技術に吸収されてしか現われない……その技術に吸収されたものを改めて経営において経済として眺めることは困難である」。そうすると、「経営において技術を支配する経済」という表現は「経営において経済に支配される技術」と書き改められねばならないが、それでは経営技術学の対象としての「経営において経済に奉仕する技術」とまったく同意義となってしまう。つまり、経営技術学と並んで経営経済学が必要とされる理由が判然としないのである。[45] また、酒井は、経営技術学の対象たる個々の技術を経営において統一にもたらすものが経済であると説いているが、それがどのようにして経営において経済により統一されるかを具体的に示していない。[46]

三　大木秀男

大木秀男は経営技術学の対象を『経営技術学』（一九四七年）の冒頭で次のように述べる。「経営技術学は、経営という企業における機能技術の単位体を研究するところの学問である。けだし、『経営経済』と経営技術、企業と経営とは各々相互予定的なる関係において対立的なるものの統一として生産体を形成するものである」[47]。馬場によれば、企業という具体的・現実的存在を分析することから出発して、そこに労働過程と価値増殖過程の対立という抽象を見出すべきであるのに対して、大木は逆を行っている。企業と経営という本来対立せざる具体的存在の統一としての生産体という抽象との関係において、技術は「この統一のどの段階で把握されねばならぬか」が判然としない。[48] それでは、技術それ自体がどのように規定されているかといえば、大木においてそれは「最小労働費用の原則」（技術の本質）と「最少価値費消量の原則―最少貨幣的費用の原則―」（技術現象）として捉えられている。それにもかかわらず、経営技術学の任務は「資本主義的生産関係のもとにおいて労働行程に成立する機能技術を一応価値行程から抽象してそれを労働費用との関連において技術組織の合理性を判断する最小労働費用の原則の発見（傍点は引用者）」にあると矛盾した規定がなされ、さらにそのような経営技術学が「技術学であって自然科学でもなければ経済学でもない。[49]」という。結局、大木においては、「一つの学問体系を打ちたてるために現実がおし歪められる[50]」論理が展開されている。

四　生産技術と経営技術

以上のような批判の上に立って、馬場は、経営技術を個別資本の運動のなかにおいてとらえ、したがってこれを経営経済学のなかに包摂する上で鍵となる、次のような見解を述べる。

「過程を導くものが企業であるか技術それ自身であるかによって考察される技術の位置が異なってくる……「自然科学の応用」であるところの生産技術は一とまず、資本がこれを見出して利用するところのものであるに対し、生産技術から区別した経営技術はその実、資本の増殖運動そのものなのである。生産技術は資本の要求に依存すると同時に資本の増殖欲に対する限定として働く。然るに、経営技術はかかる生産技術に対する資本の制約そのもの、その資本家的利用そのものとして現われる。[51]」

結局、一般的に経営技術学の主張における欠陥は、経営技術を抽象的に考えるとともに、これを工学的な生産技術と等置し、経営技術の諸相を個別資本運動との関連で捉えきれない点にある。また、経営において使用される諸種の技術は資本の論理から相対的に独立して発展する可能性をもっているが、それにもかかわらず「技術は資本によって利用され、発展せしめられ、変形され、もしくは阻止される」。この意味で、経営学は技術を「資本の論理によって制約された技術の論理」あるいは「技術の論理にまで具体化された資本の論理」として追究しなければならない。しかし、一般的に経営技術学は経営技術をこのような矛盾として把握する能力を示していないのである。[52]

第四節　経営経済学と経営技術学の「融合」

「一顧だに与えられずに忘却の彼方へ捨て去られ[53]」ていた「吟味」が、一九五五年一〇月日本経営学会第二八回大会での三戸公の報告「個別資本運動説の展開」によって忘却の淵から蘇り、一躍注目を浴びるに至ったことは周知の通りである。この報告で、三戸は、「上部構造論創始の発条となった中西＝北川理論の抽象性は、夙に馬場によって基本的に克服済み」と評価するとともに、五段階規定には使用価値規定と独占規定が欠如していると批判した。[54]この批判を契機として、その後この批判を直接・間接に論じた多数の論文・著書の続出をみるに至ったことからすれば、馬場学説の展開を振り返る上でこの批判は避けて通ることのできない重要問題であるが、[55]ここでは第三節までの論述の流れを受けて、馬場自身による経営学方法論追究のその後の到達点を見届けておきたい。

三戸報告が行われる前に経営技術学批判を終えて、馬場は経営技術学ではなくて経営経済学のフレームワークの中で経営技術を分析することの有効性を再確認したわけであるが、川端によれば、「個別資本説が技術的なるものを豊富に含蓄しうる、と自ら誇れるほどの方法手続きは未だできていないという遺憾の情[56]」に馬場はとらわれていた。一九五七年に、経営技術学批判に関する論文を中心にした論文集として『個別資本と経営技術』を上梓したとき、馬場は次のように述べている。

「個別資本理論を技術学へ貫徹するという私の意図は、しかしながら、必ずしも十分に説きつくされていない。それは、一部分は、大木、酒井、鍋島説への批判という形でそれが述べられているからである。しかしもっと根本的には、私自身の思想がまだまだ未熟であるためというのほかはない。しかし私は今後これ以上に経営学方法論を書こうとは思わない。私自身としては未熟ながら一応、方法の上で安定点に達したので、……後は専ら経営学の内容につきすすみたいと考えている。[57]」

実際その後馬場は、「株式会社の生成とそこでの資本の集中・支配の機構、創業利得の追求から自己金融の展開に至る歴史的・論理的過程の総体を、利子生み資本の運動法則の浸透・貫徹形態として分析する研究」と、「会計の歴史的な発展が、個別企業の用具にとどまらず社会全般に作用するに至る論理を解明する研究」に取り組み、『株式会社金融論』(一九六五年)、『会計学の基本問題』(一九七五年)という古典的著作として結実させたことは周知の通りである。[58]しかしながら、三戸による批判を契機とする馬場学説をめぐる論議の高まりの中で沈黙を守ることは難しく、これらの研究に並行して「融合」という問題に関して何度か言及している。例えば、「融合」のプロセスにおける客体の論理から主体の論理への転換に関する川端による一九六三年の批判[59]に対して、一九六八年に次のように答えている。「川端教授がこれ(五段階規定:引用者)に関する私の叙述を「A」(個別資本の具体的規定)および「B」(客観的観察から主体的立場への転換)の二個の部分に分解し、私が両部分を不当に連結したと指摘されたのは甚だ有益であった。しかし、私は必ずしも……川端教授の見解に同意するものではない……その操作は、そのなかから経営学への展開の契機をとり出すという意義に達するものでなければならなかった」。さらに同じ批判について、一九六九年には、「川端教授は、拙論のこの部分（五段階規定：引用者）を……非難されたけれども、個別資本の具体的規定を重ねることの意味は、個別資本を自然史的過程への物化から部分的にではあるにしても、回復することにあるとしなければならないのである。[60]」とも述べている。

また、「融合」の結果における論理整合性に関する「客観的法則をひき出そうとする経済学と、一定の目的に対する諸手段の体系に合則性を見出そうとする技術学とは、知識体系としては相互に性格を異にするものであるから、経営経済学と経営技術学との総合ということはありえない[61]」というありうべき批判については、理論科学としての経済学と応用科学としての技術学の論理構造の観点から一九六九年に以下のように述べている。

「技術＝労働手段体系説をとる場合でも、技術が客観的法則の意識的適用として成立することを否定することはできない。すなわち、技術はその用いる手段が合理的であるためには、何よりもまず客体の論理に適合して形成されねばならないものである。したがって技術そのものは、いわば目的論と因果論の総合として定在するものということができる。しかし目的論と因果論の総合といっても、ある一つの技術がとらえている客体の論理（因果法則）なるものは、多くの場合、局部的なものでしかありえないから、科学（経済学：引用者）がより包括的にかつより深く客体の論理を把握するに至れば、それだけ既存の技術の不完全さ、あるいは誤謬が明らかになってしまうのは当然である。……しかし仮言的判断と政策的または技術的提案との間はほんの紙一重でしかない。もちろん、この一重の紙こそが大事なのではあろうけれども、その実、それは一個の免罪符でしかないのではないか……問題は、理論か政策かではなくして、批判的立場を貫ぬくか否かにあるのではあるまいか。[62]」

さて、馬場が「融合」という点で、最後の拠り所としたのが、サイモン（H. A. Simon）が主張し、武村勇[63]が詳細に論じた「目的の重層性」の論理である。少し長くなるが、一九七三年の「経営学と私」から引用しておきたい。

「経営活動における目的は、……単一の過程として持ち出されるべきものではなく、つねに最高目的から第二次目的、第三次目的等々へと目的連鎖を形成するものと理解されなければならない。……ところで、企業行動における目的の重層性ということは、正確には、手段の重層と目的の重層という二重の重層関係として理解されねばならない。……二つの対応する重層関係はお互いに性格を異にするものをもっている……。まず、手段そのものは常に上位の手段に従属し、最終的には最高目的に規制される性格をもつのに対して、手段に対応する各段階の目的は、重層的な目的連鎖を形成しながら、しかもそれ自身、独自性をもって現れ、上位目的を潜在化させる傾向をもつ……理論としての経営経済学が収益性を選択原理としているにもかかわらず、その上に立脚する応用的経営学（経営技術学：引用者）がプロフィットトレーレに陥らないのは実は、上述のような中間目的に内在する自律性のゆえなのである。今日ひろく行われる経営管理理論の存在基盤はここに求められる……こうした理念上で中立的な経営管理の学も、それがことさら最高目的たる利潤追求目的との連鎖を中断しているものであるかぎり、……中間目的の自律性に依拠して拘束されない研究の可能性を与えられるのであるが、しかもその可能性にとどまるかぎり、抽象性を脱却しえられない、という矛盾をもつ……この矛盾の解決は、一たん中断していた上位目的たる利潤追求目的への遡及によって果たされるのであるが、その遡及は応用科学としての経営学（経営技術学：引用者）が理論科学としての経営学（経営経済学：引用者）に包摂されるという形でしか実現されえないといえよう。[64]」

企業活動の目的連鎖の中で、最高目的から相対的に自由な中間目的に対応する経営諸技術を、中間目的の自律性に依拠して、あるいは上位目的との連鎖の恣意的な中断を手掛かりとして、技術学が、合目的性の観点から研究する。しかし、その可能性が現実性に転化するに際しては、経営経済学による上位目的＝利潤追求目的からのチェックに合格しなければならない。「経営技術は資本の運用そのもの」という先の規定との整合性という問題は残るものの[65]、このような論理において、馬場は、「経営学の自律性（独立性）の確立ということが経営学のための絶対的要件であるとは断定できない」とする基本的立場を保持しつつ、「応用科学としての経営学ないし管理論のための領域を十分に確保しながら、しかもこれを理論科学としての経営経済学に包摂する（融合には至らないまでも：引用者）という可能性と必然性とを、ともかく望見することができたように思う[66]」という境地に達することができたのである。

第五節　おわりに

本章では、馬場五段階説の形成を跡づけることのみに終わってしまった結果、これに関連するあまりにも多くの論点を論じ残さざるをえなかった。そのような論点の一つとして、経営学が公害問題について事前に何らの警告をも発しえなかったことに、馬場が一九七一年の論文で言及したことに触れておきたい。馬場は、経営学が活動の目的連鎖の頂点に利潤を据える企業を対象とした学問であることに、つまりそれがプロフィットレーレであることに、結局その理由があるのではないかと、疑問を呈している。さらに、目的連鎖の頂点に例えば「社会全体の人間の慾望満足極大化」を想定するような経営学の可能性について言及している。[67] しかしながら、筆者は、このような問題については五段階規定の内容の拡充の方により可能性があるのではないかと考える。例えば次のようなことを考えてみる。第五段階には、自然史的過程の住人としての企業家という経済的範疇の人格化が登場した。それならば、これに加えて、資本の従属的存在であるとはいえ、不可欠の構成要因である労働力の所有者としての労働者（差し当り経済的範疇の人格化としての）を登場させる。次に、労働者も企業家と同じように不完全な意識的活動を行う。もちろん、本来個別資本の枠組みに制約されうるものではない労働者の意識性は、経営主体の意識に媒介されてしか経営技術や経営管理の内容に反映されないが、確実に反映される。[68] このように考えることの可能性について、馬場もまったく言及していないわけではない。例えば、人間集団を対象とする経営技術（人間関係論）の特徴について次のように述べている。「人間ないし労働なるものは、……本源的には、資本に対峙し、独自の論理と構造をもった存在として現われる……したがってここでは資本にとっては、技術は、資本と対立するところの対象そのものの論理に従うことによってそれを支配するという特異性を示さざるをえない。[69]」また、経営参加に関連して、次のように述べている。「経営参加起点で……内発的に起こってきた運動のエネルギーを吸収して、これを参加運動として組織化するものが労働組合であるか、それともこれを管理手段に転倒する経営側であるか、ということは現時の参加問題の一つの焦点であるといわねばなるまい。[70]」このような問題も含めて、残された多くの論点については、今後の課題とさせていただきたい。

（中川　誠士）

注

（1）三戸公「馬場克三　五段階説、個別資本説そして経営学」経営学史学会編『日本の経営学を築いた人びと』（経営学史学会年報　第三輯）文眞堂、一九九六年、八八頁。

（2）「福岡商科大学設置認可申請書」国立公文書館所蔵（文部省　60文／4A／10－8／823）。

（3）『福岡大学大学史資料集　第三集　小川和男日記』二〇〇五年、二二五、三二九頁。福岡大学関連の資料については、福岡大学七五年史編纂室教育技術職員藤本俊史氏に大変お世話になった。ここに記して感謝の意を表したい。

（4）馬場克三の略歴については、以下を参照した。「福岡商科大学設置認可申請書」、馬場克三『馬場克三著作集第Ⅰ巻　個別資本と経営技術』千倉書房、一九八九年、三二九－三三九頁。

（5）馬場克三「経営学方法序論」『經濟學研究』第一八巻第一号、一九五二年四月。「中小企業と経営学」『企業診断』第六巻第五号、一九五九年五月、六―七頁、参照。
（6）馬場克三「経営技術学の限界」『三十周年記念経済学論文集』九州大学経済学会、一九五五年五月、八頁。
（7）馬場克三「経営技術学の問題点」『會計』第六一巻第六号、一九五二年六月、六六四頁。
（8）馬場克三「循環・回転の問題と経営学」遊部久蔵他編『資本論講座第三分冊』青木書店、一九六四年、六四頁。
（9）馬場克三「『個別資本と経営技術』（著書を語る）」『経営セミナー』第一〇号、一九五七年一二月、二二頁。
（10）中西寅雄『経営経済学』日本評論社、一九三一年、二―三頁。
（11）同上書、二九、五四―五七頁、参照。逆に馬場は、シュマーレンバッハの方法に、「最も忠実なそして正しい経営学題への対決」を見出している。馬場「経営技術学の問題点」、六六六頁。
（12）馬場克三「経営学と私」『経済評論』第二二巻第一二号、一九七三年一〇月、七三頁。
（13）馬場克三「個別資本と経営技術」『ＰＲ』第六巻第一〇号、一九五五年一〇月、三二頁。
（14）川端久夫「個別資本説の回顧（一）―馬場克三を軸として―」『熊本学園商学論集』第一六巻第一号、二〇一〇年九月、八二―八三頁。
（15）馬場克三「経営学に於ける個別資本運動説の吟味」『會計』第四三巻第六号、一九三八年一二月、八三六頁。
（16）馬場「経営学と私」、七三頁。
（17）馬場克三「個別資本の理論」『経営評論』第三巻第一一号、一九四八年一〇月、七頁。
（18）馬場「吟味」、八三六―八三七頁、八四四、八五二頁。
（19）馬場克三「経営学の方法」『経営教室』第一巻第三号、一九六三年四月、九頁。
（20）馬場「吟味」、八四四―八四六頁。
（21）同上論文、八四六―八四八頁。中西、前掲書、一七―一九頁参照。
（22）馬場「吟味」、八四八―八五二頁。中西、前掲書、一九―二四頁参照。馬場克三「ドラッカー経営学の一考察」『西南学院大学商学論集』第一七巻第一号、一九七〇年六月、二―一〇頁、参照。
（23）馬場「吟味」、八四〇―八四二頁。

(24)「吟味」において「個別資本と社会的総資本との分化以前の段階」と述べられた五段階規定における第一段階は実質的に未規定であった。馬場は社会的総資本と個別資本の関係を社会的分業と技術的分業の関係として捉え直し、個別資本が社会的総資本とは対照的な構造をもつゆえに第一段階においても識別されうるとともに、なおかつ両者が相互制約的・不可分離的な関係にあることを確認している。さらにこれに関連して、個別資本に内在する資本と労働の対抗関係が社会的労働の発展を促し、やがて公企業という「個別資本の矛盾の疎外された形態」を生み出すという論理において、第一段階における社会的総資本と個別資本との間のやはり不可分離的関係を確認している。馬場克三「公企業と経営経済学」『経営評論』第五巻九号、一九五〇年八月、「個別資本の理論」、七―一一頁、川端「個別資本説の回顧(一)」、八九―九二頁、参照。

(25) 川端「個別資本説の回顧(一)」、八四頁。

(26) 馬場克三「個別資本論争についてのメモ」馬場克三編『経営学方法論』ミネルヴァ書房、一九六八年、七頁。

(27) 馬場「吟味」、八四二―八四三頁。川端は五段階規定と意識性の契機に関する馬場の叙述を、次のように批判している。「馬場が用いた手法〔第五段階で自己資本所有者という担手を登場させ、彼らの〝意識性〟を二重に使い廻すことで経営技術論に移行する〕は単純すぎる〝接合〟であり」「個別資本の具体化手続きは五段階的把握と〝意識性〟導入との二本建だったのであり、かつての馬場はその〝なしくずし〟合併を試み(た)」。川端久夫「個別資本説の回顧(二)―馬場克三を軸として―」『熊本学園商学論集』第一六巻第二号、二〇一一年七月、八二、八五頁。

(28) 馬場克三「個別資本運動説の反省」『西南学院大学商学論集』第一六巻第二号、一九六九年九月、六頁。

(29) 馬場「経営学方法序論」二七頁。

(30) 谷口吉彦「商業の本質および商業経営学について」『經濟論叢』第三〇巻第一号、一九二八年、一九六頁。

(31) 中西、前掲書、四九頁。

(32) 馬場「吟味」、八五〇―八五二頁、「個別資本運動説の反省」、一一頁。

(33) 川端「個別資本説の回顧(一)」、八五頁。

(34) 馬場「吟味」、八五四頁。

(35) 馬場「個別資本と経営技術」、三二頁、「経営学と私」、七四頁。
(36) 七篇の時論と解題は、馬場克三『馬場克三著作集第Ⅰ巻　個別資本と経営技術』に収録されている。
(37) 馬場「『個別資本と経営技術』(著書を語る)」、一二一―一二三頁。川端「個別資本説の回顧(一)」、九二―一〇〇頁、「個別資本説の回顧(二)」、五三―六五頁、参照。
(38) 馬場克三編著『経営学概論』有斐閣、一九六九年、三頁。
(39) 馬場「個別資本と経営技術」、三二頁、「経営技術学の限界」、四頁。
(40) 鍋島達「技術および技術学―経営学の本質に関する一考察―」『経済学論集』第六巻第一二号、一九三六年、六五頁。
(41) 馬場「個別資本と経営技術」、三三一―三三六頁。
(42) 鍋島、前掲論文、九〇頁。
(43) 馬場「経営技術学の限界」、六頁。
(44) 酒井正三郎『経営技術学と経営経済学』森山書店、一九三七年、五―七頁。
(45) 馬場「経営技術学の限界」、一九―二八頁。
(46) 馬場克三「経営技術学小論」『會計』第六七巻第一号、一九五五年一月、三〇頁。
(47) 大木秀男『経営技術学』東洋書館、一九四七年、九頁。
(48) 馬場克三「経営技術学に対する若干の疑問」『経営管理』第一巻第四号、一九四八年、三五―三八頁。
(49) 大木、前掲書、一一―一二、二〇、三九頁。
(50) 馬場「経営技術学に対する若干の疑問」、三八―四二頁、「経営技術学の限界」、一九頁。
(51) 馬場「経営技術学の限界」、四〇―四二頁。
(52) 馬場「経営技術学小論」、二九頁、「個別資本と経営技術」、三六頁、「循環・回転の問題と経営学」、六七頁。
(53) 馬場「個別資本論争についてのメモ」、四頁。
(54) 川端「個別資本説の回顧(二)」、六七頁。
(55) この議論への主な参加者の氏名のみを列記しておく。三戸公、川端久夫、別府正十郎、中谷哲郎、伊井賢二、原

田實、服部俊二、浦野平三、高橋昭三、一寸木俊昭、田中章義、浅野敞、武村勇、西郷幸盛、篠原三郎、片岡信之、角谷登志雄、権藤正俊、渡辺峻、宗像正幸、稲村毅、松本譲、中村瑞穂、内川菊義、橘博、小野寺孝一、吉田和夫、仲田正機、貫隆夫、小松章、裴富吉、植村省三。（順不同）

(56) 川端「個別資本説の回顧（二）」、六六頁。

(57) 馬場「『個別資本と経営技術』（著書を語る）」、二三頁。

(58) 川端久夫「馬場克三先生を偲んで」『企業会計』第四四巻第一号、一九九二年一月、一四三頁。

(59) 川端久夫「経営技術の理論について」『社会問題研究』第一三巻第三―四号、一九六三年一二月、三九―四〇頁。

(60) 馬場「個別資本論争についてのメモ」、七頁、「個別資本運動説の反省」、七頁。

(61) 馬場克三『経営経済学』税務経理協会、一九六六年、一六頁。

(62) 馬場「個別資本運動説の反省」、一五―一六頁。

(63) 武村勇『科学としての経営学』未来社、一九六九年、一六六―一八六頁、参照。

(64) 馬場「経営学と私」、八〇―八三頁。

(65) 川端「個別資本説の回顧（二）」、七九―八〇頁。

(66) 馬場克三「書評：古林喜樂編著『日本経営学史―人と学説』」『国民経済雑誌』第一二五巻第五号、一九七二年五月、一〇八頁、「経営学と私」、八三頁。

(67) 馬場「経営学をいかに考えなおすか」『産業經理』第三一巻第九号、一九七一年九月、六―八頁。

(68) このようなアイディア自体は、すでに武村勇によって「組織労働規定」として提出されている。武村、前掲書、六二、一四六頁。馬場克三「経営学および会計学における主体の問題」『経済評論』復第六巻第二号、一九五七年二月、四〇―四一頁、参照。

(69) 馬場「個別資本論争についてのメモ」、一一頁。

(70) 馬場克三「特別寄稿・経営参加論ノート」『企業会計』第二七巻第一五号、一九七五年一二月、八八―八九頁。

『経営学史叢書　第XIV巻　日本の経営学説Ⅱ』執筆者

片岡　信之（桃山学院大学　経営学史学会会員　経営学史学会元理事長　巻責任編集者　まえがき・第一編第一章・第二編第一章）
増田　正勝（山口大学名誉教授・広島経済大学名誉教授　経営学史学会会員　第一編第二章）
谷口　照三（桃山学院大学　経営学史学会会員　第一編第三章）
小野　琢（愛知産業大学　経営学史学会会員　第一編第四章）
坂本　雅則（龍谷大学　経営学史学会会員　第二編第二章）
西村　剛（尾道市立大学　経営学史学会会員　第二編第三章第一節〜第三節）
田中　照純（立命館大学名誉教授　経営学史学会会員　第二編第三章第四節）
中川　誠士（福岡大学　経営学史学会会員　第二編第四章）

経営学史叢書 XIV
日本の経営学説 Ⅱ

平成二五年五月三一日　第一版第一刷発行

検印省略

監修　経営学史学会
編著者　片岡　信之
発行者　前野　弘

東京都新宿区早稲田鶴巻町五三三
発行所　株式会社　文眞堂
〒一六二―〇〇四一
電話　〇三―三二〇二―八四八〇
FAX　〇三―三二〇三―二六三八
振替　〇〇一二〇―二―九六四三七番

印刷　モリモト印刷
製本　イマヰ製本所

http://www.bunshin-do.co.jp/

ISBN978-4-8309-4744-5　C3034

経営学史学会監修『経営学史叢書　全14巻』

第Ⅰ巻　テイラー
第Ⅱ巻　ファヨール
第Ⅲ巻　メイヨー＝レスリスバーガー
第Ⅳ巻　フォレット
第Ⅴ巻　バーリ＝ミーンズ
第Ⅵ巻　バーナード
第Ⅶ巻　サイモン
第Ⅷ巻　ウッドワード
第Ⅸ巻　アンソフ
第Ⅹ巻　ドラッカー
第Ⅺ巻　ニックリッシュ
第Ⅻ巻　グーテンベルク
第ⅩⅢ巻　日本の経営学説Ⅰ
第ⅩⅣ巻　日本の経営学説Ⅱ